古老智慧 vs. 現代心靈
一張全新的身心靈地圖

# 智慧瑜伽

《薄伽梵歌》首二章的身心靈祕密

江信慧——著

# 目次

# 自序：再寫《薄伽梵歌》之緣起

《薄伽梵歌》陡然在我面前現身是一九九五年的事了。那時，友人自印度朝聖歸來，先拿出許多小禮物後才亮出這英文版，我驚呼太厚重卻難以推辭，心中其實在大喊「不會讀的啦！」一九九七年正式拜入印度「勾迪雅．外士納瓦」奉愛瑜伽傳承時，並不覺得自己信了印度教，而是愛上在神像面前唱歌跳舞這種祈禱，更愛吃供奉過的國際素食，嚮往一種全方位的瑜伽生活。

二〇〇一年前後，有位澳洲「奉獻者」來台灣賣油畫，也受邀來中心講課。他的魅力在於引述梵文詩節時收放自如，講解時有趣又有料。那些難解的梵音在他口中變得無比優美，唱出我靈魂懂的歌。我感覺自己從吃喝玩樂中清醒過來，課後便趨前致謝。

幾次交談後，他告訴我他在印度聖地「瑪雅埔」教授「奉愛瑜伽」經典，我的英文能力應該夠用。二〇〇二是我生命中動蕩起伏的一年，是母親、靈性導師相繼辭世那一年，年底即與夫婿去印度讀書半年。沒想到，竟愛上這種遊學兼冒險。此後一連三年去印度都待足半年才不捨而歸。登喜馬拉雅山，溯恆河源頭，輾轉於印度東西南北四大聖地與廟宇之間，學習瑜伽經典、體位法、參拜遊歷，自是不辭艱辛。曾有人問：「為何能放下工作，多次久留印度？」最大的原因說是：「無意中已癡迷，就刻骨銘心地去瞭解吧！」卻也有想「證明自我」的成分。

二〇〇六年在高雄開設瑜伽中心，矢志要把四大瑜伽之道應用在自己的生活生命裡。二〇〇九年出版《印度智慧書——認識薄伽梵歌的第一本書》後，覺得此生任務已了，再也無可追尋，可以死了。繼而發現身體雖有怪異症狀，但就是死不了。而人生的真實功課旋即湧現，一道道不堪的難題全都堆到眼前。崩塌的不只是外在人事物，我內在的信念也碎裂了——練習「奉愛瑜伽」十五年，每日的基本功——持戒、念誦聖名十六圈、準備嚴格素食（含乳製品）照三餐供奉、只食用供奉過的素食（祭餘）、閱讀經典、講課、聯誼、傳教、寫書……壓力山大卻低薪度日，終至身心不堪負荷。「妳的身體說她很累，妳的心說妳都不聽她講……」這些話出自某次「家族排列」聚會，在場同學所演出的我的身心靈實況。自以為在靈修，在原團體也算資深，去外面卻得到這樣的評語，打擊真的很大！

原來，研讀經典、參加課程、獲得學位、知識、體驗都只是在累積身外之物，可用以「證明自我」而已。所改變的自己若只是表面，就不會有實質的內在轉化，或說還不足以改變生命格局。我個人缺點何其多，待人處世常有不周，瑜伽修練得也不理想；儘管如此，在那段人生黑暗期，瑜伽生活的訓練仍發揮了極大作用，讓我有能力快速平衡，穩定生活，能照顧好自己與家人，再從中尋到出口。

在找回身心靈健康的路上，所憑藉的是過去歷練得來的一點「辨識力」——什麼該捨棄，什麼該去連結——這個「什麼」之於身體就是平安健康與否？之於心就是平靜愉悅與否？我離開了修行團體，在外力兩次介入後決定回復葷食。平常偶爾參加課程、旅遊活動，但基本上，不想再與宗教門派有牽連。然而，這種打開覺察，到處看看，隨興探索的生活，過著過著仍疑惑叢生——當時四十多歲的我此生還能做什麼？深深覺得自己的人生不只這樣，但放眼望去時超疑惑的，到底要做什麼？再加上，自三十歲接觸修行後，雖以為清貧生活亦無不可，但總有人說我是「富貴的修行人」，可我此生投的並非富貴胎，吃用一如常民，當時又自外於修行團體。富貴？修行？是遠在天邊的雲吧！但為何總想起這句話？好似內心在對自己呼喊：「去活出妳內在的富貴，要繼續修行……」

此外，常在清晨或睡前回想起小時與原生家庭的種種。在年紀漸長的催化下，還可資前後對映，許多事雖看得更清楚了，但這種回憶是夢饜，得花很多時間反芻，還跟枕邊人抱怨，重複播放，無限迴圈，繞不出去。所以，雖然模糊感知到自己的未來或與富貴修行有關，但現下就是卡住的。有一天，我慎重地擺妥紙筆，恭敬地寫下：「上天！我需要一個老師，請給我一個能夠帶領我的老師，謝謝你。」然後，貼在家裡公布欄，有走過就念一念。

如今回想，上天是很快就回應我的，只是我對「老師」的形相有某些預設吧，近在眼前仍舊不識。沒多久，逛書店時一眼見到《奉獻》與《回家》，便迫不及待抽出前者，邊翻閱，內心邊嘖嘖稱奇。我原以為印度《薄伽梵歌》、「奉愛瑜伽」是世間唯一講述「奉獻」的源頭，而今讀著讀著，內心激動不已，默默大喊：「怎麼會這樣！怎麼會這樣！竟然原著就是中文！寫得太好了、太真了、太對了，是這樣沒錯！」然而，當時的我仍有不願坦然面對的部分，最後買走的是幾本瑜伽哲學書，還有《回家》，竟不願帶走最打動我心的那一本！（有時也拿自己沒轍。）

那個阻礙我自己的部分應該是在說：「我是英文很好的高級知識分子，辛苦走訪印度多年，修練瑜伽多年，而今，這本《奉獻》果真有那麼好的話，那我這個人算什麼？我以前走過的路、做過的苦行又算什麼？」其實，過去若有何功德，不就是把我推到《奉獻》面前了嗎？不禁想起某教教徒在水患時向他的神祈禱呼救，卻是別的教派的船隻來救的故事。

要活得夠長，才有機會在前後對映之下，把自己看得清楚些，萬幸的話也能看到原不可見的盲區。那次買書，我其實是再次錯過「章成禪師」。所幸，還是有去臉書搜尋，就此能固定讀到他最新發文。

他的文章每每從小事談起，再從多個角度論述延伸，口氣內容平易近人，好像就坐在對面跟我講話似的，而最後總能印證佛法上高妙的道理，既淺亦深。而且，我感受到他文章裡面有「很大的愛」，各種觀點之間很像瑜伽體位法般，有種微妙的內在平衡感。

後來，大約二〇一七年初，他有篇文章提到，如果讀了之後內心是有感覺的，就要去上課。我心想：「早晚是要去一探究竟的，學費太貴的話，頂多上一兩期便罷。」當時的心態是功利的，覺得問完我所有疑問，得到答案後就不用上了。哪知，從此，每兩星期一次的課就沒停過。原因是：太相應了！課程進行當中，與不上課的兩星期之間，常有很相應的事情發生，常覺得課中靈訊與我個人生活高度相關。大概上了兩期共十四堂課，當時對人生的困惑都問遍了，心中浮現想要「護持」這個「大日講堂」的想法，畢竟當時高雄班同學只在十人左右。

後來反思，其實是自己很需要這個課程，是一種「拜託讓我繼續上」的心情。曾暗自祈禱，希望能靠自己賺到學費。也曾在課中問到為何有這種感應，老師只淡淡提到台北班課後也頗多同學就此交換心得。我覺得能有此相應，那是很私人的事，有自己的因果、悟性與努力等因素，若與共修的同學交流能增益彼此，自然是好，可若到處傳揚，是否要以玄奇異事爭取目光，而這樣又會引來什麼樣的效應呢？

曾以為與《薄伽梵歌》緣分已盡，卻時不時仍意會到某些詩節的吉光片羽。遵從我的恩師——章成禪師的教導，去做自己生活上的功課後，也時而會有遠古的梵音關鍵字自心底浮現、迴盪著。這些字詞不再只是我所熟悉的傳統解釋，而是展露出很接地氣的嶄新面貌。一部經典若能超越時空，走入每個世代的人心，勢必是能引發當代人內心共鳴的。於是，我想要卸下過去對祂「神聖不可侵犯」的超然設定，想從婦孺皆解的凡人角度出發。如此，令讀者再次發現《薄伽梵歌》的「梵音關鍵字」，這些經典中的主旋律仍在真實人生中低迴不已，對現代人依然大有益處。

回頭自省，若無恩師傳遞靈訊，我很可能會帶著對《薄伽梵歌》崩塌的信念了此餘生。若無這幾年學習「心的智慧」，以我當年的脾氣、個性和觀念會把此生活成什麼樣子呢？兩相比較之下，心裡就很清楚其間的天壤之別了。印度人說《吠陀經典》是「聽得的」（shruti）智慧，而且是聖賢們在深沉冥想中「聽得的」，並非從一般人口中聽來的道理或街頭巷議，也不是從書籍得來的文字堆砌。禪師傳遞「大日如來」訊息時，常讓我想起在印度聽課時的往事點滴。不同之處在於，禪師的課程是一種「浸泡」：「改變」從浸泡而來，不會是因為我聽懂某個道理，然後我就「做得到」了。課程內容看似生活小事，其中蘊藏的智慧卻很高超，真正一點都不簡單！可說是「微小」卻「甚深」！而且，都是真正幫助我們在地球功課中實戰成功的「智慧」。

任一方水土定有滋養其眾生的當地食材，華語地區學習身心靈課程的學生常受西方的、印度的大師或國際組織吸引，然而，寶島台灣就有「天啟的傳承」，有「聽得的智慧」。所以，我深深感謝「宇宙間慈悲的力量」，讓台灣有「章成禪師」這樣的存在，讓語言不再是障礙，讓我可以直接吸收原汁原味的靈訊之餘，還能怡然品嘗台灣在地的風味與妙趣。

回溯來時路，才想起早在二〇二〇年十月，M・FAN老師即首次主動問我要不要諮詢章成禪師，因為「大日如來」有訊息給我。我是因此得知要「寫自己的書」與方法等等，對未來也有了較清晰的視野。其實在六月，某次課前的「偈語」中早已有兆頭，只是我沉浸於翻譯工作，雖知道卻未真正有所瞭解。

二〇二一年九月份高雄班線上課，禪師回答提問時竟說出中文「正法」一詞，嚇我一跳。就我所知，這並非他常用的字詞，而我從九月一日起便一直在看《薄伽梵歌》有關「正法」（dharma）

的書！於是，在最後的問答時間，我便問禪師如何解釋「正法」。接下來直到翌年六月，有些課中訊息就與我正著手整理的內容相應，帶給我很神奇的感受。這種相應，對我來說又不同於以往了，是更能感受到「被關注」、「被照顧」、「被愛著」。過去的我深受「奉獻」與「無條件的愛」吸引，然而，缺愛的人哪能自愛、愛人？「愛」不是口說手寫的信念或口號，不是頭腦上的概念；「愛」是在每一個當下，「我」都願意去融入、交流，心中始終有溫度去體恤來到我身邊的那一個一個有緣人。若從那一點一滴當中生出了由衷的感動、感謝與反省，自然會帶出相應的「奉獻」行動。

「修行之路」不在高遠，其實就是自己的人生。正如《薄伽梵歌》詩節（2.45）所言：「要永遠清楚、要留意你的自己。」（atma-van）潛心於自己的生活，在人生裡真實地打滾，才會有覺醒、開悟、智慧。我回觀過往，不再覺得白活，因為比較能看清現實，比較懂得享受生活了。能用有限的金錢花出好山好水，也會用供養神佛的豐盛心對待自己，因而感受到生活中的甜美，同時由衷感謝著這一切。

於是，源自於對過去生命歷程的感謝與反省，完成本書的過程便是我的奉獻，也是我對《薄伽梵歌》最高的致敬。雖然為何我與這部經典有緣，至今尚未全盤揭露，但其觀念曾左右了我在人生關鍵點上的選擇。這要說對錯，自然也有可論對錯的角度。然而，人生旅途走過了「知天命」這一站，我還是滿心歡喜地接受過去種種所謂「對錯」都是生命養分，而能在漸老的過程中微笑著繼續學習。

最後，請容我感謝自己，曾隨內心感動，義無反顧地走入印度「奉愛瑜伽」；多年後再隨內心召喚，怡然常坐於「大日講堂」受教，這是我對自己的奉獻。在屬於我的這一條學習智慧之路上，我感謝沿路的蜿蜒曲折，感謝所有同伴、同修、同學、老師們的切磋映照。過去得來的知識架構讓我在聆聽「大日如來」訊息時，心中自然浮現出一張全新的「身心靈地圖」，愈來愈清晰，愈來愈覺得若能把藉由「《薄伽梵歌》首二章」這個介面所反映出的某些宇宙實相傳遞出去，讓有緣人都能感受到「宇宙間慈悲的力量」，以及「一直都存在的愛」，那就太好了。謹以此書祝福讀者都能跟隨「心的智慧」篤定前行，愈行愈鬆脫，愈行愈開闊。

# 致謝

大日如來
大日如來的化身不動明王
章成禪師

請接受我的頂拜

「宇宙間慈悲的力量，感謝這一刻，
全宇宙都在幫助我，
每一件事、每一個人、每一樣東西，
都是另一個我，
在幫助這一刻的我覺醒。」

學習「身心靈」到最後會「通靈」，
並不是刻意去追求，
而是生活中會有自然而具體的微妙覺受。

通靈的鄉野傳奇於民間亦所在多有，
求財解厄、過於迷信者，我心並不願去連結；
若要連結，必然要往上去得菩提。

以上密咒是章成禪師慷慨餽贈八方的大禮，
是從「具有更高證悟的那個未來的你」那裡，
以他的智慧來灌頂，
不僅超越了線性時間，更具有不可思議的力量。（註）

願有緣人能持此咒，
能得更高層次智慧的開啟，
此生途中，處處皆有菩提之樹庇蔭，

習得靈通智慧，步步蓮花。

（註）章成、M．FAN合著（2016），《都可以，就是大覺醒》，商周出版，P16。

# 前言：本書內容的來源

## 《薄伽梵歌》簡介

《薄伽梵歌》傳頌印度文化、宗教、瑜伽、哲學的基本思想，也是講述「身心靈」最古老的經典之一，其崇高神聖與微言奧義的性質，自不待言。加上隨時間累積，各大宗派或為了接引無量的受苦靈魂，或為其徇私的訴求而發展出各自的詮釋觀點，實令此書更難以一窺堂奧。

《薄伽梵歌》共分十八章，出自印度史詩《摩訶婆羅多》第六篇〈毗濕摩篇〉的第二十三到四十章，內容主要是「薄伽梵——奎師那」與祂的奉獻者「阿周那」的對話。其首二章講述阿周那在「俱盧之野」要與敵軍正面交鋒之際，他望著由他的大伯公、老師、堂兄弟以及親戚朋友所組成的敵軍時，突然悲從中來，心生無力感，想要逃走。而當他尊奎師那為師，接受教導後，便獲得了「善盡職責」的力量。

奎師那在《薄伽梵歌》第二章後半也指出「要清楚自己的身體感官、心念、假我」等物質能量的造作，以及「回復真我」、與「真實」合一的這條「智慧瑜伽」的道路。這樣的「智慧」除了可以經由後天習得，也要有「對」的出發點——「覺」、「開啟智性」。覺（buddhi）雖是靈性能量與物質能量接觸之後才生出的，但「覺」是第一個物質元素，是最接近靈性能量的。不同於用「頭腦」（心念、假我、私利、效用）去思考而來的人生智慧，我想要凸顯的是經由「覺」的開啟而生的「智慧」——「心的智慧」。

《薄伽梵歌》翻譯成全球各國語言及相關的延伸版本非常之多，中譯本也有一些，雖似各異，但從大處著眼的話，卻又是小異大同者居多。我於二〇〇九年出版《印度智慧書——認識薄伽梵歌的第一本書》，這書名如今看來，其實是個預言，我說的是「智慧」二字。「薄伽梵」是一切智者中最具智慧者，然而，十四年前雖蒙出版社編輯青睞而得此書名，但當時的我實無能力把此部經典詮釋到「有智慧」的層次，也因此，雖然此書出過十年暢銷版，但作者我曾一度想到此書便羞愧難當。然而，這些都是成長的必經之路。

《薄伽梵歌》第一章即提出一種普世的生命情境，亦即感到「恐懼」、「無力感」時，阿周那的身體、情緒、思考是如何反應的？本書以「恐懼」作為首章，這個字眼實際上遲至原典第二章詩節（2.35）才出現：「曾經尊敬你的偉大戰士都會看不起你，他們會認為你是出於恐懼才退出戰場。」話雖如此，但「恐懼」這個「背景音」是從一開始就有的。讀者若能瞭解持國、難敵、阿周那他們內在恐懼的成因，將會有更深切的共鳴感。反觀己身，面對恐懼這個情緒時，你是否只想逃避？或者，根本就沒意識到自己在恐懼或逃避？

本書有別於全球其他相關書籍的一大特色是，把《薄伽梵歌》第二章（2.39－2.72）這部分的詩節明確地獨立出來，並名之為「智慧瑜伽」。大多數版本講的幾乎都是之後十六章的「四大瑜伽之道」——行動瑜伽、知識瑜伽、入定瑜伽、奉愛瑜伽。通常都說原典第一章只是背景，第二章只是全書的內容梗概，往往交代一下後便草草帶過。然而，以常理論，在時間緊迫的戰場上對著一名喪氣的戰士，奎師那先講的第二章內容理應是最為重要者，而後面十六章反倒比較像是針對第二章內容再延伸出去的各種探問、解釋、舉例。

「智慧是什麼」固然難以定義，但很奇妙地，你可以從一個人的言行當中看出他是否有智慧。再進一步說，知道什麼樣的人「有智慧」是一回事，「你自己有智慧」又是另一回事了。我自二〇一七年三月參加章成禪師「大日講堂」的課程開始，上課四、五年後才漸有具體想法，欲從《薄伽梵歌》的角度切入，連結古今。這個動力除了我內心有感的啟發，也是自覺人生有在往上走了，自己比以前有智慧了。更重要的是，深深覺得對廣大讀者有一份責任——那是我十多年前出版《印度智慧書》時，書名所承允卻未能臻達之境。而「大日如來」透過章成禪師所賜予的這些靈訊，說起來並非「知識」。祂超越頭腦與邏輯，每每從微小現象談起，卻能令人心開意解。有心「瞭解」的人絕不需要多高深的學識，而學識很高的人，這些訊息應能幫助你繞過頭腦，用「意會」的方式直接接觸到高層次的智慧源頭。

誠然，一己之力有限，但我有把握做到的是，能直接切入《薄伽梵歌》的核心，回到本質，

「就此事，論此事」。簡言之，薄伽梵——奎師那之所以說這些話，只是因為阿周那拒戰（懼戰），並提出五個理由合理化自己的行為。而奎師那也只是告訴他為何必須迎戰，在回應那五個理由的同時，順帶指出了一條從「身體」與「精微體」，回復「靈性真我」的道路。前述內容基本上出現在《薄伽梵歌》首二章，也正是本書的藍圖所在。換言之，本書捨棄《薄伽梵歌》共十八章的「全貌」，而專就其首二章的人物、情節、思想、情緒、梵文關鍵字、現代意涵等等加以闡述。奎師那為阿周那破除困境，讓他得以用較高的「意識與智慧」穿越迷幻，並得到「善盡職責」的力量。

我希望所有對《薄伽梵歌》有興趣的瑜伽人、修行人不要陷入「講英文比較厲害」這種迷思，而能真正抓到經典之神髓，並有基本的「瞭解力」能去判斷：當今全世界各種身心靈課程的內容是否真正為你所需，是否真能賜與你力量，以實現你個人人生的「至高目標」？

本書的閱讀方式可以「水平式」增加廣度，以「垂直式」增加深度。讀者若想要盡快瞭解阿周那拒戰的背景與理由，可採用「水平式」讀法。譬如說，本書第一章「獨裁者恐懼——菩薩雙贏」先聚焦在「持國」——阿周那的伯父——他的恐懼是什麼。若要延續經典的連續性，無須等到讀完第一章後面，是可以直接進入下一章的。然而，若想要從恐懼的情緒解套，應該怎麼做？每一章之後的論述會漸離《薄伽梵歌》的軌道，而深入社會、日常，用符合現代需求的語言讓人瞭解如何從中「學習智慧」。如此，每一章都是以《薄伽梵歌》的論述起頭，若要一次掌握「五個拒戰理由、五個勸進主張」，請採用「水平式」讀法。「垂直式」讀法則需要時間細品，必能看到智慧展現的入口與應用。以前想不通的詩句，在此也必能茅塞頓開，豁然開朗。

## ⊙關於「薄伽梵」

俯瞰古印度經典長河，可以立即看到的兩大主脈分別是「吠陀經」系列與較為晚期的「往世書」系列。前者並未有「薄伽梵」一詞或明確的相關概念，內容多是記載各種儀典，祈求平安富貴；而後者則充滿要為「薄伽梵」做奉獻服務而得以解脫的主張。《薄伽梵歌》屬於往世書系列，因此字裡行間的確可以嗅出其要與「吠陀經」分庭抗禮，要與「辦儀式求富貴」抗衡的主張。

佛教和耆那教經典也有「薄伽梵」一詞，但都是作為尊稱。兩者也都講求個人修行以獲得自由，但並不認為「薄伽梵」是「至尊主」或「唯一真神」這種概念。可是，那些能夠修到得解脫、得自由者可獲得「薄伽梵」這樣的尊稱。例如，耆那教祖師摩訶毘羅（Bhagavan Mahavira）與佛教釋迦牟尼佛（Bhagavan Buddha），他們不僅生活在同一個時代，生平類似，而且都有「薄伽梵」的稱號。當然，佛教用的中文是「世尊」。因此，兩者所謂的「薄伽梵」都是臻達修行最高境界的人，不受恐懼和欲望所困，都是一切智者中最有智慧者。

不同的是，印度教提到「薄伽梵」時通常是指「毗濕奴」——至尊主，祂曾以「羅摩」與「奎師那」的形象顯現在這世界。印度教的「薄伽梵」——至高上主——會來到這個物質世界或「火祭」現場，與凡人交流。面對世界時，毗濕奴、羅摩或奎師那不會像濕婆、佛陀或摩訶毘羅這樣的隱士，祂們不退隱，祂們會張開雙臂擁抱這世界所提供的各種感官愉悅，也會與有緣人發展各種親密關係。

## ⊙ 我讀過的《薄伽梵歌》

關於《薄伽梵歌》這部鉅著，其梵文原本、評註、各種語言的翻譯之巨量，世所罕見。而我個人僅能就與我有緣的老師們或文章書籍去瞭解，雖說必有局限，但是多年來反覆思量、研究出來的這一番心得，仍願寫出來提供有志、有識之士使用。

我最早是聽「聖帕佈帕德」《博伽梵歌原意》的課程多年，而對詩節中的梵音字詞有基本認識的。這個版本最大的貢獻之一是原典中諸多名號，尤其是「奎師那」或「阿周那」的稱呼方式其實隱含更深語意，解讀開來才能瞭解更深。相較於大多數的譯本或評註，即使是梵中直譯的版本，只寫成「奎師那」與「阿周那」就成了很可惜的疏漏之處。

多年前寫《印度智慧書》的原動力，是來自於住在印度「奉愛瑜伽」靈修社區時所感受到的生活之美。在瑪雅埔，每日清晨即起，沐浴更衣。換穿紗麗服也不麻煩，赤足走到戶外，在布滿露珠的枝葉間採摘茉莉花或雞蛋花。回到室內編織花環，於芬芳中敬神祈禱，禱文成歌，祈求是舞。或許那陣子接觸到的都是有藝術家傾向的奉獻者，其廚藝、歌藝、敬神崇拜的藝術中諸多細節皆美。然而，當時只在奉愛瑜伽的領域內，所參考的多為傳承內靈性導師的著作，只能做到把難懂的哲學觀念寫得易懂些。當時的我對於「智慧」，可說是懵懂無知的。而今寫書，心就比較打開了，也不再拘泥於一家之言了。

寫《印度智慧書》之前曾苦惱於找出一本「好」的《薄伽梵歌》英文版，以便有「好」的中譯本。十多年後，仍然覺得這樣做太難，遠不如自己把手邊「言之有物」的資料融會貫通，「創造」出一個讀得通的版本。因此，這次研究《薄伽梵歌》時，我採用「多重對照比較」的做法，遍覽手邊的四本參考書，一次只讀一節詩，只研究一個梵字。以前只讀梵音，配合英文注釋，現在除了讀中譯與英譯，也把梵文字詞直接丟進翻譯器，再去比較大師們在英文、中文上是如何表示的。這樣做便足以讓我分辨很多關鍵概念了，例如第二章詩節（2.64），有些譯成「能約束自我的人不依戀，也不怨憎……」，詩節（2.71）「放下所有欲望，不貪戀執著、不占有、不自我，他會得到平靜」，這兩句都有「自我」一詞，但從梵音、梵字去解鎖後得知前者意指「靈性」（atma），後者則是「沒有假我」（nirahankara），實不可混為一談。

寫下本書並非我先懂了全部，而是在新舊觀念碰撞、融合當中所產生的自問自答，是一段從「不瞭解」走向「更瞭解」的過程。在台灣目前可取得的中文譯本裡，我主要參考的是鐘文秀《薄伽梵歌：梵文經典．原典翻譯．文法解析》、黃寶生《摩訶婆羅多：毗濕摩篇．薄伽梵歌》，以及「聖帕佈帕德」《博伽梵歌原意》。此外，尤其重要的是芭芭拉．史托樂．米勒（Barbara Stoler Miller）的《薄伽梵歌——奎師那的戰前忠告》，這本梵譯英版本對我瞭解《薄伽梵歌》有革命性影響。列於參考書目中的書籍對我釐清概念方面均有啟發，謹此一併致謝。

## 章成禪師與大日講堂

本書多處引用章成禪師的著作與網路文章，以及我在「大日講堂」高雄班上課所記的筆記。禪師的最新文章固定在臉書發布，「章成的好世界」部落格更備有全面的資料庫。閱讀禪師文章的殊勝之處在於，你將可看到一個佛法觀念是如何延伸、穿梭、展現、應用在日常生活的，而這樣的「切身感」是體悟、活用教理的契機！更是理解本書時更好、更完整的訊息源頭。

寫這本書時，我的「大日講堂」筆記已記到超過一百五十則。至今，每次上課前仍會興奮期待著。剛開始的兩三年甚至要好好沐浴更衣，打扮妥貼後才去上課。沒人叫我這樣做，反正就這樣高高興興地做了蠻久的。後來才想起，以前要去印度的廟宇聽課前也都會沐浴更衣。也有很長一段時間是上課翌日就整理筆記，馬上分類加註，心領神會一番，自己先感動不已又分享到高雄班群組。長年累積下來，這個筆記就成了我的生活寶典。遇上什麼困擾，均可召喚電子筆記裡相關訊息，即時想通，化解難處。每次看都有不同領悟，奇特的是，每次都與個人生活情境高度相關。

奎師那所指出的成長之路是有關鍵字的「路標」沒錯，然而，與我實際生活還是有距離。修行的功課其實就在日常生活中。我從章成禪師的教導中看到了「地圖」與「交通工具」，一路指引我前進，讓我看到了以梵文記載的這些路標，它們在地圖上的實際方位與相對位置，而且都是

「可到達的目標」。

決定寫本書後，這份筆記自然也是我極為倚重的參考來源。奇妙的是，在書寫過程中遇到上課時，竟會聽見我書中正在寫的課題，對於這些持續的現象，我只能在心底讚歎神佛法力無邊。本書內文無論是出自章成禪師的文章，或我「大日講堂」筆記，均謹以「章成禪師說」表示。若是前者，會附註其文章標題，方便讀者在網路搜尋全文；若是後者，因屬私人記事則無法公開。

對「大日如來訊息」的想法，我曾在二〇二〇年三月十四日於高雄班群組分享，今擷取部分如下：

……新同學們的加入也令我萬分感激，因為人數愈多，愈讓我真實看見如來訊息的全知全能，正如老師所說，是三百六十度的「球體」。同一個訊息在不同的人身上是有不同的解讀法的，請務必抓緊時機就教於老師。關於「提問」，我有一個想法，也不知道對不對？老師以前講過即使有人與你對立（最壞的情況），在你倒下將死的最後一刻，他會救你，在那一刻，他會變成你！想想，這是多難察覺的一瞬間。而我從這一點所生出的體會是：無論想問的是什麼問題，只要是真心想問、想瞭解、想學，那就一定要問出口，在你一出口的當下，那問題就不是你自己的了，在這裡，那問題就是與會的大家的！因為大家都在從不同的生命經驗上學習，你得到的不會只是一個答案！所以，關於提問，我只能稍做禮讓，若感到發問時間在空轉，恐怕我的左手是抓不住右手的，you know。

來自於不同背景的大家，共同來聆聽章成禪師所傳遞的如來訊息，就像是光譜上不同的漸層色調，最終將匯聚成柔和的、金色的光。希望每一位來到高雄班的同學，都能繼續在大日如來的化身——不動明王的仁慈光芒中得到調息、滋養、力量，並相信自己定能找到出口、運轉人生、過得精彩、活出豐盛！

# 一、Purusha

## 獨裁者恐懼——菩薩雙贏

## ⊙ 純粹意識與恐懼

本書將梵音purusha簡單寫成「純粹意識」，不過，這個梵音實不簡單。Purusha原是宇宙初創，尚未接觸「物質能量」之前，即印度哲學所稱、獨立於物質能量之上的「原人」。所以，purusha並非心理學所稱的意識。希望讀者能瞭解——任何名詞所指稱的是一個「範圍」，而非固定一物。「純粹意識」一接觸物質能量後即演化為「覺」或「智性」，加入更多物質能量後又演化為「假我」、念頭、情緒或感覺，如恐懼等等。

若要印度人用「恐懼」去形容持國、難敵、阿周那等英雄，那是不可能的，但恐懼這種情緒實則人皆有之。從持國好似無關痛癢地問全勝：「他們做了什麼？」到難敵陣前喊話時的處心積慮，到阿周那「因悲傷而痛苦」（1.47）、因痛苦而生「無力感」（2.3），到奎師那直指阿周那「怯懦」（2.3），這些話裡都沒直接說到恐懼。然而，讀者在瞭解其背景後，他們各自的恐懼便昭然若揭。未來就是未知，即使難敵自信滿滿，也始終害怕有個萬一。而原本一心求和的阿周那如今竟要手刃大伯公，怎不恐懼！「恐懼」此一明顯卻無人提及的事實即為《薄伽梵歌》開篇的基調。

身心靈書籍常講「提升意識」，顯見「純粹意識」到了人間是有高低之分的。「恐懼」這種情緒即比較低階的意識，對立與戰爭所引發的恐懼，與低等動物只求活命的境況頗有雷同之處。比較高階的意識層次則是「同情同理」，進而思考如何突破僵局，透過有智慧的言行得到「雙贏」

或「合一」的成果。

## ⊙「神聖」一詞講的不是「戰場」

《薄伽梵歌》第一章第一節梵詩是俱盧國君主「持國」說的話，整部《薄伽梵歌》則是持國的近臣「全勝」因獲賜「靈視神通」而為他一人所做的現場實況轉播。這種神通令全勝親眼見到、親耳聽到「薄伽梵——奎師那」在俱盧之戰前對阿周那所說的話，亦即《薄伽梵歌》。

《薄伽梵歌》的評註通常都把這開篇第一個字「dharma-kshetra」解釋為「神聖戰場」、「聖地」、「執行宗教儀式的聖地」，英文版多為「the holy field」。不過，你可曾想過：「為何戰場是神聖的？為何兩軍是集結在『聖地』打仗？」從現代人對「聖地」一詞的理解，很難想像這些更強調神聖性質的古印度人，會選擇在聖地血流成河。

拜讀了米勒當年備受推崇的英譯本後，我才終於看到了英文版有「the field of sacred duty」這樣的表達。換言之，「神聖」形容的並非戰場，而是「職責」。而英文「sacred」一字不只有「神聖」之意，依照語境可能使用「莊嚴」、「鄭重」、「尊貴」或「奉獻」等字詞。據此，sacred duty，「神聖」講的是職責。「dharma-kshetra」是「這塊講求神聖職責的土地」或稱「正法之田」；稱「dharma」為「正法」是適當的。所以，持國這第一句話說的是「正法之田，俱盧之野」——在俱盧國這塊講求正法的土地上。

持國說：

全勝，正法之田，俱盧之野。我的兒子們與般度五子在此聚集，意欲征戰，他們做了什麼？

（1.1）

持國一發話，就把「俱盧之野」與「正法之田」畫上了等號。他想說的是：「俱盧國這塊土地是以我們的祖先『俱盧王』的名號命名的，在我俱盧國的土地上，自古以來就特別講求正法。」持國稱呼自己的一百個兒子是「俱盧族」，是俱盧王朝的後裔，彷彿「般度五子」不屬於俱盧族，而是「般度族」。在持國眼中，可稱為「俱盧族」的只有「我的兒子們」。

而今，「俱盧百子」與「般度五子」勢如水火，站在「俱盧之野」這塊講求「正法」的土地上要打仗了，持國自然認定他的兒子們所代表的就是「俱盧國」，就等於「正法」。從這短短一句詩，便足已看出持國在詢問戰情之前，他的心態不只是站定在他兒子們這邊而已，他的觀點是「二分法」，只有他們那邊才是正義的一方。

所有侵略者都喊著震天價響的口號，總要顯得自己很神聖、很正義。持國說「正法之田，俱盧之野」；俄羅斯總統普丁說「真正的力量在於正義和真理，而正義和真理在我們這邊」。普丁在他二〇二二年的電視演說中所流露出的心態，與《薄伽梵歌》的持國如出一轍，都是主觀偏見、片面解讀，以及因「恐懼」所衍生的「二分法」心態。天生失明的持國必定要先發制人，要對親姪兒們趕盡殺絕的動機與背景又是什麼？

## ◉ 持國的恐懼

西元前數百年，印度北方有一個以「象城」為首都的「俱盧國」。傳到「福身王」時，他先與恆河女神生下「毗濕摩」。女神離去多年後，他愛上漁家女「貞信」，生下了「花釧王」與「奇武王」。兩位國王早逝，貞信王后為免後繼無人，便要求「毗耶娑」（即廣博仙人，貞信於婚前所生）與奇武王的兩位遺孀行房。毗耶娑相貌奇醜，相傳大王后「安必迦」在受孕時因驚嚇過度，緊閉雙眼，這才造成「持國」一出生就雙目失明。

持國實為強者，他名字的意思正是「撐持國家的人」。雖然天生失明，卻力大無比，可以徒手粉碎鐵器。若要論治國才能，他也能把國事處理穩妥。然而，這位孤獨的強者從小什麼也看不見！內心有深深的不安全感啊！生來就只能在黑暗中獨自摸索、揣測，這種在深宮中受困、受辱的孤獨與恐懼，往往把自己的遭遇解讀為被戲弄、被誤解、被忽略、被小看、被欺負、被壓榨……雖是王族長子，仍須屈就於王弟般度之下，前途渺茫。萬一發生利益衝突，自己隨時可能被犧牲掉。他的王后「甘陀利」出身自俱盧國的附庸國，她不願表現得比夫君更搶眼，也想多瞭解他所處的黑暗世界，因此婚後即以布矇眼，也活成了瞎子，無法成為他的助力。持國自覺連生孩子都比般度慢半拍，以至於在繼位的排序上也搶不贏弟弟。此外，他雖寵溺他的長子「難敵」，可是難敵卻比較喜歡舅舅「沙庫尼」。他身為王族之長，但為了生存或權力，深受死亡威脅，深受恐懼折磨。他雖有妻子，有成百的兒女，心中之孤獨恐懼竟未曾稍減。

持國雖然貴為王族長子，眾耆老卻都認為他不具備國君資格，均主張應由他同父異母的王弟「般度」繼承王位。持國自知身體有缺陷，起初也無二話。般度後來受詛咒，自我流放，便由持國暫代君王之職。般度死後，其五子隨母后「貢蒂」回到象城，與持國百子一起生活，讀書習武。持國在暫代國王一職期間，常因難敵的行為有違正法，看似左右為難。但是，無論對錯，最後他都只顧著寵溺兒子。說穿了，雖然可能因為失明無法好好管教，但其實主要的原因是：他根本不想管束兒子啊！因為他打從心底就很高興有難敵這樣的兒子出來替他出一口氣！但相對來講，他對待自己的姪子們就不公正了。

「堅戰」比持國長子「難敵」年長，又是前任國王般度的長子，名正言順之外，且實為「正法之神」（Dharma-raja）的血脈，品行純良，是公認的最佳王儲。持國明知堅戰確實具備君王才德，卻仍偏愛難敵，對他諸多劣跡視而不見。最後，他是在王族耆老的巨大壓力下才立堅戰為儲君。難敵自幼便視般度五子為眼中釘，急欲除之而後快。他為了奪得王位，一再設計堂兄弟及叔母，欲置親人於死地。最可怕的一次是興建蠟宮，邀請般度母子來住，卻是包藏禍心，暗中派人堵住活路，縱火謀害，要它到頭來死無對證，只能說是意外一場。後來，般度五子顯然遇害了，持國表示哀悼之餘，仍及時趕立難敵為儲君。然而，般度五子實已受王叔「維度拉」相助而逃走，後來巧遇機緣與大國聯姻後才回到象城，但此時難敵卻拒絕歸還儲君之位。毗濕摩只好建議把俱盧國一分為二。持國偏心地把首都象城地區分派給難敵掌管，而讓堅戰統治一處野林荒漠。般度五子高高興興接受長輩安排，克服萬難，終於在不毛之地建好「天帝城」，再廣邀親朋好友前來共享，沒想到卻引起持國百子嫉妒更盛。

難敵參訪完天帝城後便決意復仇，故設下賭博賽局。般度五子果然慘敗，他們的王后「黑公主」當眾受到嚴重羞辱。就在她要開口詛咒俱盧族時，表現得很無奈的持國才與甘陀利商議，稍微介入調停。難敵以小人之姿鑽漏洞，正人君子都不恥其行徑，只是束手無策，而全場唯一該訓誡難敵的人只有持國，他應該秉公處理卻毫無正向作為，反受難敵擺布，任由他興風作浪而走上了自毀之途。

般度五子一再退讓，但基於「剎帝利」統治階層的身分，最後僅僅要求管轄五個村莊，難敵仍斷然拒絕，並表示連立錐之地都不會給他們，以至於「俱盧之戰」勢不可免。此時，毗耶娑來問持國說若想親眼目睹戰事實況，可賜予他靈視神通。但是，持國雖想要姪兒們死絕，卻又不敢看至親被殺，於是要求毗耶娑把此等能力賜給他的近臣「全勝」。持國一心相信自己站在「正法」的一方，卻不能也不願看到自己的恐懼，以為只要優秀的姪兒們不存在了，自己的子孫就能綿延萬世。更何況，毗濕摩、德羅納、卡爾納等偉大戰將都站在他們這一邊，持國一廂情願地認為俱盧族一定會取得勝利。然而，驅策持國的動力是「恐懼」，即使沒有明說或被淡化，但其實就只是愈來愈深的恐懼。

## ⊙自我盲區

「恐懼」本就是所有生物謀求生存的底色。然而，人往往欠缺自我覺察而有盲區，看不到自己的恐懼，或害怕到不敢承認自己在害怕。另一方面，卻又常常出於恐懼才行動，這樣的起心動念無法開啟人生的正向循環。

持國雖不敢親眼去看，但最終還是親耳聽到了般度五子的「怖軍」是怎麼殺死他的兒子們的，鉅細靡遺……最終，以難敵為首的俱盧族百位王子全部戰死，持國唯一的女兒成了寡婦，唯一倖存的兒子是宮女所生，且在大戰一開始就叛逃到般度族那邊去了。戰後多年，持國接受王弟維度拉忠告，拋下王宮優渥生活，偕同妻子出走森林，開始苦行。他曾問奎師那說：「我是這麼一個善良又公正的國王，為何一出生就失明？」奎師那回答說是因果報應，因為他前世曾挖出天鵝雙眼，並以取其百子性命為樂。或許，因果關係是更為複雜的機制，但持國此一發問的重點其實是在於——「我是這麼一個善良又公正的國王」——這個執念是他的一個自我盲區。

持國認為自己「善良又公正」，為何生而失明？天生失明這個結果顯然是從「前世」而來的業報，至於善良又公正則是他「今生」自以為的「假我」，把「前世業報」歸因到「此生假我」

此一虛幻能量，那是錯誤歸因，是永遠無解的。若真正關心自己、願意突破盲區的話，同樣的困境可以問的是：「我這一生善良又公正，何以到頭來百子死絕，王位仍得歸還般度五子？」或者再問得簡單些：「為何我善良公正卻家破人亡？」只不過，人是很難察覺自己在走偏的。一天偏一點點，實際的人生路走得愈來愈偏都不知道，還會自以為善良又公正。

人生際遇走到低谷時都有很多的「為什麼」？若他堅持說「我善良公正、我善良公正……」毫不鬆動，那麼，極可能永遠找不到解套的答案，也會被自己固著的情緒與念頭綁得更緊更死。因為沒有人會去挑戰他說：「其實你也沒你想得那麼善良公正！」反過來說，這種「質疑自我」的反省，要自我檢討說「我不善良，也不公正」，那也是相當困難的，因為那就是「他身而為他」的盲區，是注定看不到的。然而，願意在內心開闢出空間，接受自己有可能不完美，試著去想：「或許我有不是那麼善良的地方，也有不是那麼公正的面向……我的確是有可能沒做好……」這樣才能慢慢有光明照進來。

生而為人無可避免地都有一份對自我的認知與期許，但如果那只是你想像、虛構出來的一個「假我」，也可能變成你人生中一個更大的盲區，讓你離真相、真實更遠。事實上，「善良又公正」若是許多人給你的讚譽，那就會相對地客觀真實一些。持國覺得「自己善良又公正」，不該有厄運卻家破人亡了，這就要去反思為何會自認善良又公正？這也很像有些人說：「我很努力啊，努力就應該有收穫啊！」或為何日日早出晚歸、使命必達，還熬夜提升專業能力，升官的卻是別人？為何已經做到凡事配合，對方還是劈腿？為何想多賺點錢，去學理財投資後，反倒一直虧錢？為何只是想要獲得父母肯定，卻在言聽計從後，只落得心力交瘁？

如果是你遇到上述狀況，你會怎麼想？要知道，這並不是你的「想要」（欲望）錯了，而是你，作為一個擁有「身心靈」三層面的人，這裡面就是會有你看不見的「盲區」。若遇到人生不順遂，你能冷靜下來，先看看自己的盲區在哪裡嗎？挫折的積極意義就是有助於你找到自我盲區。人生順遂時，有可能是你周遭的人從不與你唱反調，這裡面也會有很大的盲區。唯有用光明來照亮，才能看見更多角度，而能真正有所瞭解與改變，進而趨吉避凶。

## ⊙二分法

奎師那說：

阿周那，所有吠陀知識都屬於物質能量，你要超越三重屬性，免於二元對立性，擺脫利益與防衛的概念。要永遠清楚，要留意你的自己。（2.45）

奎師那在這節詩中揭示修練「智慧瑜伽」的心法——「要永遠清楚，要留意你的自己」，另外也提到「要免於二元對立性」。所謂「二元對立」就是用「二分法」在看事情，這很容易養成正義魔人的心態。

請注意，「二分法」本身並沒有不好。《道德經》說：「一生二，二生三，三生萬物。」「二分法」本是萬事萬物演變當中一種很自然的現象，也是瞭解世間萬象的一個方便入口。「一」是抽象難解的，然而，若分成兩個區塊加以對照，便會具體好懂多了。因此，「二分法」的問題是出在，凡事若只用二分法去看待，思想或分析會太粗糙，也會傾向於極端化的思考，譬如嚷嚷說：「如果你不答應我，就是不愛我。」或有些學生心想：「如果沒考上，我就完了。」亦是一例。只用二分法的心態已經先抹煞掉其他可能性，限縮自己，製造壓力，連帶地心胸、眼界也會愈來愈狹隘。

二〇二二年俄羅斯總統普丁出兵烏克蘭之前曾發表電視演說（註1.1）。從演講全文中可以看出他是怎麼看待美國與北約，怎麼看待他自己的國家，又是如何詮釋歷史事件的。他反覆控訴「敵方」有多虛偽、說謊、欺騙、藐視國際法，是「謊言帝國」；然而，對於俄羅斯卻總說「我方」有多委屈求全、多可憐……他主張烏克蘭在文化和歷史上是俄羅斯的一部分，以民族主義號召人民抵禦西方外侮，但其實是在喊口號欺負弱小，以實現其專制政權。他這篇演說中最大的特色就是把「我方」、「敵方」用很絕對的二分法區別開來——「敵方」就是萬惡不赦的，而「我方」就是最正確、最正義，早已吃盡一切悶虧的。而今敵方已「越過紅線」，此時正是危急存亡之秋，「我方」是因為「被逼」，才會起而自衛，不是攻擊別人喔，所以「正義和真理在我們這邊」。

這段話說得和古印度的持國多相似啊！其根源都是「強者的恐懼」，是不能明說、無法宣洩、日積月累的「恐懼」，他心中是非分明，非黑即白。即使是弱者，一旦過度害怕，在生存受威脅的恐懼之下，他也要武裝自己，或明或暗地先去攻擊別人。

然而，真相是《神性自在》裡的一句話：「這世上沒有受害者，只有對損失感的執念，而當一個人覺得自己是受害者的時候，也是他開始變得暴力的時候。反過來，你們看到這世界最暴力的人，都有著自己認為的最受害的理由呢。」（註1.2）

持國與普丁的故事告訴我們的是，自身的恐懼很難察覺，卻一直都有，而且不斷在積累、在影響著自己的觀點與信念，讓人不知不覺用一種「疑懼」的心態在詮釋周遭世界——不是朋友，就是敵人。而結果就會變成「我都是對的」、「你們都是錯的」、「你們都對我不好」這種與他人決然對立的世界觀，也就是卡通影片《無敵鐵金剛》主題曲中的首句：「我們是正義的一方，要和惡勢力來對抗。」持國、普丁這類人心中就是這樣看待世界的。而我們從小都會哼唱的這句歌詞，是否也讓我們自以為永遠都是正義的一方，也覺得持國或普丁這類發動侵略行動的魔頭，怎麼能是正義的一方？但事實是，這世上沒人會覺得自己是邪惡的一方。那麼，衝突的兩方怎麼可能都是正義的？

## ⊙ 菊花與劍

把全世界簡單劃分為「精神文化 VS 物質文化」或「靈性世界 VS 物質世界」也是一種常見的

二分法觀點，都在製造對立衝突——從規模較大的戰爭，到個人的身心問題都有。

第二次世界大戰接近尾聲時，美國政府為了接管日本，便委託人類學家露絲・潘乃德（Ruth Benedict）完成一份研究報告，其主要內容透過對日本國民性格與精神特質的分析，從而瞭解他們發動戰爭的信念。日本的「等級」概念與美國人熱愛平等，本質上就是水火不容的。其中最為關鍵的一點是，當時的日本自詡是一個很成功的等級制國家，而且唯有他們真正地實現了國內的統一與和平，並創立了教育、交通、電力、鋼鐵等各項產業。然而，在他們眼中全世界就只有「等級制」和「非等級制」國家之分，這樣的「二分法」觀念就是錯誤的第一步了。據此，他們「幻想」世界各國都應該在全球的等級結構中「各得其所」，以便達成統一的目標。即使戰敗之後，還是有某些日本人相信「大東亞共榮圈」這一理想是合乎道德的。他們的「正義」是要「幫助」大東亞諸國，並為他們挺身而出，以期趕走美、英、俄等國的勢力，建立和日本一樣的等級制國家。

若真的有益他國，為何人家都在痛恨你？為何想「幫助」別人，卻要使用暴力、陰謀等手段苦苦相逼？侵略者口中的「正義」實際上是在欺壓弱小、占領土地、破壞和平，變成「只顧自己」的「完美理想」，卻不管別人的意願與死活。實際上，凡事只用「二分法」看待的話，結果就不會好。一直高唱「正義」的結果只會讓自己更加失衡，可是當時的日本人卻覺得自己是更為優秀的，因為他們所相信的是層次較高的「精神」；而美國文化是較為低階的「物質」。這種錯誤的二元對立讓他們認定「神風特攻隊」用自殺方式攻擊美國軍艦是「精神戰勝物質」的典範。（註1.3）

## ⊙「對」的對立面

與你角度不同的人是很珍貴的，因為有這些與你大不相同的人們的存在，這個世界才能在各個領域運轉起來，並為你提供各種服務。因此，若有人與你相反，那種不合拍的對立感或許令人不快，但其實，與你對立的人身上極可能藏有解決你生命困境的密碼！那種對立感來自於他的光芒太突然，一時之間也太耀眼了。然而，他可以是你實際的助力，幫你照亮盲區，拓展視野，讓你有機會見識到一個你從未能涉獵的領域，並為人生帶來契機。所以，「對立面」是值得感謝的。

然而，人很容易先用「二分法」與對立面產生衝突而有「情緒」，甚至想像對方的存在會危及自己性命，因而心生恐懼。認為自己的生存就是絕對正確，而對立的那一邊就是絕對不正確，這是如孩童般不成熟、不全面的簡單邏輯，但很多連續劇都是這樣在演。戲劇電影大多需要這樣的正邪觀點，主角就是絕對的正確或正義，而他或她的死對頭就是絕對的惡勢力。這樣子，戲劇才會好看。追劇追久了，有的人能看到一再重複的「套路」而有所警覺。若不警覺，就很難不被影響，潛移默化中也會用二分法去看待自己、對待周遭。然而，真實人生是很難用「二分法」一切為二的。若以顏色論，是黑是白隨著時間演化都不好說，比較多的會是漸層色彩，乍看之下也往往是混沌朦朧的。雖然說要釐清人生問題是個大哉問，不過，用二分法去處理事情肯定非常不周全，而且一定會加深對立、引發更多衝突。

「對」的對立面不見得就「錯」，也可以是「對」的。任何人主觀上的好壞對錯，都不是絕對的好壞對錯。所以，任何人喊出的正義口號多半是個幌子，很有可能是因為還看不到自己有私心，又急於壯大自己，就用偉大的旗幟去合理化自己因恐懼而做的事。

有時，個性相反、對立的兩人似乎能互補，但日子久了，如果主觀強的愈強，主觀弱的愈弱，那也會不斷積怨。這種「對立」如果深化，必然帶來衝突。衝突不僅顯示出對方有多糟糕，另一方面其實也凸顯了你自己愈來愈偏離中道了。所以，急驚風常挑剔慢郎中；浪漫的人總不滿務實的另一半；主觀強的人常生氣地指責他的伴侶沒主見。持續這樣的發展就會覺得對方一直在做錯事，卻看不到自己也失衡了。長此以往，甚至會愈來愈孤立，不想溝通，卻在自己的世界裡變得狂妄自大起來。

讀《薄伽梵歌》也很容易用二分法的角度在理解。尤其，持國與難敵很容易被理解為惡勢力，阿周那與奎師那就是正義的一方。然而，《薄伽梵歌》第二章最後的結論是「涅槃」，也就是修練「智慧瑜伽」會達到的境界。若依詩節所云，在涅槃中至少要有的具體表現是「平衡」與「平等」。若你讀了經典，卻失去平衡觀點，無法平等看待兩邊，或在不瞭解《摩訶婆羅多》這一遼闊背景之前，就把俱盧之戰理解成「正邪不兩立」，那你覺得這會是「至尊主奎師那」的初衷嗎？那肯定不符合「涅槃」的精神。再者，來日若能更深入地瞭解這段遙遠的異國歷史，你或許有機會可以看到所謂惡勢力的代表們，他們在其他方面也有他們的功德。否則的話，就會像堅戰死後到地獄短暫一遊時，驚見阿周那在那兒受苦，卻在上天堂後第一眼就瞧見難敵在享樂一般，要悲憤不平了。

## ⊙將心比心

自己要活下去，就得把別人滅掉；自己要前進，就需把旁人推開，這樣的人只顧自己，看不到「別人的存在」。或者說，他眼中的別人都是家具、工具、障礙物，地球只為他一人轉動。然而，這並非事實，人類是群居的動物，所有生命體是互相依存的。如果心裡沒有別人，或眼裡的別人都是敵人，這樣的人生肯定愈活愈慘。

執意堅持自己是對的、正義的，自己所做的事都有「正法」或法律根據，這樣的人通常會很緊繃。很緊繃的意思就是他的活動範圍會愈來愈受限制，沒有空間、沒有餘裕，在身體上、心理上都會有「緊」的表現。其實，要從「緊」當中解套並不難，就是要去開拓出空間來。身體上，要去移動，擴大活動範圍；心理上則要培養出一種想法——「對」的對立面也可以是「對」的。能接納別人有他的想法，這才能開創出鬆動自我的空間。願意主動去感受別人的感受，肯移動自己的觀點去將心比心，這樣的人就不會只顧自己，他能與別人有更多的交流，並走向瞭解、互助、共存、雙贏。

章成禪師說：「最基礎的心靈移動就是『將心比心』。」

願意做這樣的練習就能在事情裡面去做到「反省」，也比較容易生出由衷感謝之情，而讓自己變得更加通達。愈有能力去瞭解別人，就會愈有能力造就自己，所以，這樣的反省與感謝也是對自己的奉獻。

遇到兩相矛盾、無法理解的情況，該怎麼做？我曾見美國研究所同學在舉手發問後，嗆了老師兩句，然後就直接走人。她要的是黑白分明的答案，可是那位非美籍的教授試圖要描繪的是灰色地帶。所以，內心很緊、沒空間的人，一遇到對立矛盾時會馬上有很多情緒。這裡就是一個關卡。其實，要通過這個關卡並不難，只要你願意緩一緩，容許黑白並列的情況，也願意去聆聽、瞭解，進展的速度慢一點都沒關係。這樣的話，你才能夠慢慢培養出一種能力，能分辨出其間更多更細微之處，而這就是在「學習智慧」方面更上一階了。美國小說家費茲傑羅（F. Scott Fitzgerald）說：「檢驗一流智力的標準，就是看你能不能保有兩個對立的想法，同時還能正常行事。」前提是你能容許看似矛盾的存在，唯有如此，才能看得出在兩個極端之間那些漸層色彩有多細緻幽微，甚至有機會欣賞讚歎。

章成禪師說：「所以，人生的太極要能夠運轉，要能夠超脫這個當代早已植入在你腦中的覆蓋。你就要一直有辦法讓『對照』存在。」（註1.4）

若你無法在你以為的「對」當中有所突破，你的內心就需要有更大的空間，否則是無法感悟到平衡你生命的出口的，更何況，那個出口很可能就存在於你一直以為的「不對」那一邊，那你是否有能力試試看讓你的「心」向「對面」敞開？

## ⊙ 生命的關鍵字是學習

新型冠狀病毒疾病或稱 COVID-19，從二〇一九年十月左右開始散播全球。新冠病毒剛爆發時引起了社會大眾極度恐慌，因為它會讓人路倒、呼吸困難、死狀淒慘。然而，你可曾想過病毒也是一個生命體？它剛出世接觸人類時，也曾經是個非常自我的獨裁者。只求自己生存，就要不擇手段先去侵略別人，毫不留情，就像某些強人一心就是要贏，就是要把別人踩下去，自己上位。然而，人類也是生命體，也要生存，面對病毒入侵，人體機制也會努力對抗。因此，人類早就發現只要「隔離」即可避開傳染期，還發明「疫苗」或藥品以相抗衡。在新冠疫情肆虐多年後，從某個角度講，病毒這個生命體是有在學習的，所以才會從「武漢病毒株」，一路演化出 Alpha、Beta、Gamma、Delta、Omicron 等變異株，這就是為了要適應人體、與人共存，病毒也想方設法以求自己能更長久地活下去。

於是，新冠病毒從「很自我」、很對立、要拚個你死我活的狀態改變了！從病毒的改變，我們瞭解到「學習」才是最好的。願意學習就是可以與別人交流，把自己的情感與思想流動出來，去瞭解彼此，願意互相幫助，並做出改變以和平共存。腸道裡的益菌就是這樣，所以能與腸道共生。病毒一直在學習如何繁衍，所以在與人體有更多交流之後，就會改變自己讓毒性降低，相對地不易致人於死，以達到它傳播得更快更廣的目的。由此可知，病毒的演變也意味著「智慧」的存在可能比我們想像的更為普遍。即使是病毒這樣微小的生命體，也有很基本的智慧表現——學習、改變、共存、雙贏。

自有人類開始，即使只是小部落之間，彼此敵對是常態。若一直停留在恐懼的情緒中，那就是選擇活在打打殺殺的地獄了。

章成禪師說：「真正的實相是沒有界限的，是一直在交流的。」

所以，任何生命體的天性並不是「恐懼、二分法、對立」，這些比較像是從謀求生存、「頭腦」算計、「假我」操控而來的東西。生命體與生俱來的本能是探索、學習、交流、成長！為了生存，必須面對敵人時，的確會心生恐懼，但別忘記那是在求生存的極端狀態下才會有的。在走到無可挽回的決裂之前，我們都有機會認識到自我局限，以及與他人共存之必要，學習考慮別人的觀點、衡量全局，找出雙贏的可能。這裡就是一個人的人生是要往上或往下的分隔點。若沒察覺自身的恐懼，在他眼中的別人都對他不好、都要害他，他就會花費很多時間在自己的情緒上，並築起一道牆與外界對立，反而忘記了自己的學習。絕大多數的人都是因為已經被無常追著跑了，才被迫學習、被迫成長。然而，有些人即便身陷泥淖，仍願意持續「學習」，他們便可以逐漸逆轉困境。

## ⊙ 免於恐懼的智慧

「我們對生命、對愛或是對人際關係的起落與漲退都普遍缺乏信心。在漲潮的時候我們歡笑，而對於退潮則極力抗拒。因為我們害怕退潮之後再也不會漲起，所以我們要求永恆、要求持續、要求不變。」（註1.5）然而，人生不可能不變，世間的本質即「無常」。若稍有變動就焦慮不安，那麼，無論走到哪種境遇，恐怕都脫離不了恐懼之苦了。即使經歷的是美好時光，快樂的同時也參雜著恐懼，難以全然地享受當下。所經歷的若是恐怖之事，飽受驚嚇之餘還生出更多恐懼，總害怕痛苦不會結束。在如今這個變動加速的環境，「恐懼」出現得更頻繁，程度也更嚴重了。

因此要自問，能否不要先心存恐懼？若問如何「免於恐懼」，首先要分辨，那個恐懼是因為你的生存受到威脅嗎？若是如此，那就要在工作和生活上力求穩定安全。再則，如果你的恐懼是一種很「在乎別人」看法的焦慮？總覺得別人都在看你，很擔心自己說錯話、做錯事，無法符合他人期待，這就是《金剛經》所說的「我相」。解決之道是「不要只想著自己」，一旦能夠把注意力轉移到「別人」身上，看見並感謝是因為有別人的付出、協助、合作，你才能擁有此刻的幸福與榮耀，那麼，這樣的恐懼焦慮是會消失的（註1.6）。所以，要能覺察自己在害怕？害怕的又是什麼？這樣去深究，便可漸漸不因為恐懼才去行動了。此外，「免於恐懼」並非可以直接刪除恐懼，以為看不到就好。不是你要硬碰硬去闖關；不是要你給自己喊話，突然變得特別勇敢，因為這樣子很可能只是莽撞而已。

章成禪師說：「而當你的人生智慧，真正走到『已然出家』的階段，你會完全離開『討愛』的『悲』，開展出真正對家人的『慈』，那麼甚至你對生死與無常都會無懼的！因為你會知道每個靈魂其實都有自己該做的功課，也都可以去創造自己的福分，你的心會是充滿祝福與等待，而不會淪落於負面的擔憂牽掛。」（註1.7）

當你願意冷靜，放下「正義的我、邪惡的他」，先去關注自己的恐懼是什麼？如何升起？努力回想，還原與「敵方」的對話與作為……是他某一句話刺中了你，還是你某一句話先刺傷了他？是否只為好勝心，就要置人於死地，甚至激得他比你更恐懼、更暴力呢？從一件一件這樣的微小一事、微小一念當中覺察自己，慢慢調整。這個過程就是在學習智慧、開展意識，點線連成面，而最終是可以「生死無懼」的！

「無懼」是經由後天學習「心的智慧」、破除假象、消融假我之後的一個自然跨越。是自己一點一滴願意修正，微調生活的內容，創造積善的體驗與正確行動之後而來的力量，而令恐懼自動消融於無形。雖然「智慧」的範圍既廣且深，學習智慧也需要「浸泡」與「時間」，然而，既已行文至此，便提供讀者一點參考的線索。

章成禪師說：「智慧就是開始懂得如何把時間放在正能量上。」

時間是一個中性詞，要放在正能量或負能量上都可以，但你可以決定要用你的每一刻去創造天堂，或體驗地獄？這就要看「你」，It's up to you。若人家說：「看你啊？」那一刻你有什麼感覺？「看你啊」亦即「你的一念要去等於什麼」，你的每一念都在等於一個東西。你的一念認同了恐懼，你那一刻的言行，就會等於那一念在那一刻所認定的恐懼。但那恐懼是因為你認同「你自己」等於「身體」、「精微體」而已，又受到了別人給的、無常來的威脅而生出來的啊！你的一念一直等於「我只有這個身體心念，再也沒別的了」。這樣的念頭不斷出來，一念復一念，你接下來的人生就只能移動到一個「更大範圍的恐懼」，因為「身體會老死」、「人生即無常」、「滄海變桑田」這些都是可推定的事實。然而，如果你的每一念都是等於「我還有『意識』、『靈性』的層面」、「我可以用這個身體去提升意識、活得更有朝氣、更健康、更知道怎麼吃穿。我可以學習『慈』的智慧，怎麼說話能得人緣、招貴人，能讓我做起事來更加事半功倍，創造雙贏」，這樣子去「移動」你的身體和觀念，那麼，你的意識範圍才能跟著這樣的移動而提升，而產生出你新的實相。若能如此，別人自然會看重你，而你的「恐懼」也會因為移動到較高的意識範圍而自然不見的。

的那份大愛。

## 提升意識

「意識層次」就是一個人「願意相信，並回到愛裡面的程度」。若人的一生都在用「二分法」看待人事物——「我都對，你都錯」——這樣與外界對立衝突，甚至偷拐搶騙的話，那他就會活在對立的恐懼裡。這樣的人死後的意識仍舊是恐懼，可同時之間，他也會體驗到生命中一直存在的那份大愛。

章成禪師說：「死後也會親臨那份無與倫比的大愛，可是他就會非常的恐慌與抗拒。因為如果去意識那份愛，他就必須承認他所作所為的不是，自己會崩潰。」（註1.8）其實，這份大愛依然在幫助他「瞭解」他自己。雖然他生前不願意瞭解別人，沒看見別人的存在與奉獻，但最終他還是體驗到了，而這個「感同身受」的過程，對他而言確實是比較接近「十八層地獄」這樣的形容。

所以，莫讓無常追著你跑，別因為無常帶來了悲苦才被迫學習。何不主動去看清楚就存在於你生活中的「恐懼、對立、二分法」？萬物都在擴展智慧，細胞分裂就是一種智慧的開展，就連病毒也在想方設法、自我調整、與人類共存，人類怎能反其道而行？怎能拒絕交流與學習，放任自己唯我獨尊、激化對立感、活在恐懼裡？只想獨活，不想承認別人的重要性，這就是一條人生愈活愈往下掉的路徑。

如果感覺人生愈活愈恐懼、也愈有情緒，那未來就是在走下坡了。這樣的趨勢也說明你的心裡已經累積了太多的「悲」，卻沒能把它們轉化為「慈」。所以，你一定有很多事情還沒做到真正「瞭解」，也找不到光明去照亮「自我盲區」，結果，恐懼就會一直累積下去。然而，請你千萬別小看自己。正如蓮花出自於汙泥，「智慧」蓮花是從情緒汙泥裡開展綻放的。換言之，即使感到「恐懼」等情緒，只要你記得可以從「學習智慧」的角度出發，先踩住情緒的煞車，再學習與人「交流」而非交戰，這個過程便可以逐步提升你的意識狀態。

恐懼不是人的天性，是後天習得的。所謂「提升意識」是願意從「恐懼」中走出來，更多地相信、並回到「愛」裡面。愈去瞭解自己的生活，就愈不會悲苦哭泣。一開始曾以為自己是世界的中心，慢慢地看到了「別人的存在對我很重要」。在交流、共存的過程中「將心比心」，「學習智慧」，願意花費時間與精力去思考並開創雙贏的局面。如此，你的意識即已提升，你也已經走在「菩薩道」上了。

## ⊙ 菩薩是把雙贏做到極致的人

在現代，「菩薩」一詞一如「老師」，所指涉的範圍相當廣泛。但無論如何，相對而言，「菩薩」都是意識層次比較高的人。

「菩薩」一詞的梵音為「bodhisattva」，「bodhi」（菩提）意指「智性、覺」或「智慧」；

「sattva」（薩埵）既是「有情眾生」，亦是物質三重屬性的「善良屬性」。「菩薩」是取這兩個梵音（菩提＋薩埵）當中各自的第一個中文字而成的。因此，「菩薩」可直譯為「用善良的心去覺悟智慧」，換言之，菩薩在「學習智慧」時不只有「覺」，更重要的是「心存善念」。

一般人遇到衝突時，總期待對方馬上去做他做不到的事；然而，菩薩不會這樣。菩薩會用「覺」（多角度的思考）、用「心」（善），也就是用佛性去觀照世間事。現代人多講「覺」察，不講「善」，但有時是用貪嗔痴在覺，用假我在覺，那就學偏了。菩薩的智慧始終回到「善」，又能把事情處理好。這個「善」的一個特質便是「對方能感受到愛」，以此為前提去思考如何帶領他改變？若能如此，即使是罵人，也會罵得人家聽得進去，此外，更多智慧的提點也會自內心浮現。

章成禪師說：「菩薩創造雙贏，他沒有跟任何人對立。他的『千手千眼』是他意識的擴展，在運用各種不同角度開展出解決辦法，而成為造福眾人的永遠贏家。」

菩薩若看到問題或對立，就會思考該怎樣做讓事情更好。所以，他不會只顧自己，或一直在投射自己的情緒，更不會陷在恐懼裡面，所以自然能不計個人得失，超越自我局限。也正因為他不會陷在情緒、假我、利益糾葛、頭腦算計裡面，所以他的天線是自然打開的，對所有人事物都有很強的直覺，能敏銳判斷該如何對待不同人，該如何推動事情，任何事情到他手上都推得動。

菩薩能移動自己的觀念，「將心比心」，自然地跳脫了與人對立的「二分法」，先去感受別人的情緒、想法、需求，並且願意換位思考，這就是菩薩道。因此，他更能看得懂別人，也知道如何對待不一樣的人，不會單方面地只用自己唯一的標準去待人接物。真正的「利他」是有意願，也有能力先看到別人真正的需求。真正的「捨己為人」會帶來豐盛，「自我犧牲」卻不能。與菩薩相處的感覺是如沐春風，他與全世界不同種類或階層的人士都能和樂融融地同在。他若願意指點你，也是點到為止，從來不彰顯自己的超能力。處理事情的過程中，他的心境單純只是覺得「這樣很好，就去做了」，還覺得自己反而受益更大，而自己付出的那些不算什麼。

「所以人生歷程這樣走下來，你會感覺自己付出的其實只有那麼一點點，可是整個存在給予你的卻是那麼多。你就會感覺自己的那一份付出，是在一個『大合一』裡面——是這個『大合一』在付出，也是這個『大合一』在獲得。原來，你是從那個整體而出、又回歸於整體的人——你就是那個合一。」（註1.9）

這世間的汙泥裡面參雜有很多看起來像垃圾的東西，但菩薩會知道什麼成分可以拿來做什麼用。他深知這世間每一個人都是尊貴的生命，都是彼此的養分，也都能開出美麗的蓮花。他知道緣起性空，很多觀念都是相對的，所以會思考如何拿捏，也敢去創造。即使遇到絆腳石，他也可以把它變成墊腳石，點石成金。因為他看得懂人事，知道其中存在著相當多的差異性，所以他從不急迫，願意等待。菩薩的人生會是一個享受緩步向上走的過程，雖然他造福眾人，但是這些付出不會折損他一分一毫。他總能維持「初心」，成就更美好的自己的同時，也珍惜並感謝著所有人事物。

（註 1.1）俄羅斯總統普京 2 月 24 日電視講話（全文）https://cofacts.tw/article/fux74w5tpxl。

（註 1.2）章成著，《神性自在》（長銷普及版），商周出版，p179。

（註 1.3）露絲・潘乃德著（2014），《菊與刀：風雅與殺伐之間，日本文化的雙重性》，遠足文化。

（註 1.4）章成、M・FAN 著，《心經》，商周出版，p39。

（註 1.5）蔡穎卿著，《我想學會生活》，遠流出版，p32。

（註 1.6）章成、M・FAN 著，《金剛經：人生經歷無數，喜樂一如最初》，商周出版，p15-17。

（註 1.7）章成禪師網路文章：〈家庭的傷，要這樣好；人生的悟，要這樣開〉。

（註 1.8）章成禪師網路文章：〈瀕死經驗都是那麼美好的嗎？〉。

（註 1.9）章成、M・FAN 著，《金剛經：人生經歷無數，喜樂一如最初》，商周出版，p85-86。

# 二、Sannyasa

## 無力感——內心出家

全勝說：

難敵看到般度五子所部署的軍隊後，便走到他的古魯面前說：（1.2）

老師，請看看您聰明的弟子——杜帕達之子為般度五子擺出的陣勢。（1.3）

《薄伽梵歌》第一章出現的難敵、德羅納、杜帕達等等人物不能只是唸過去，否則會錯失他們之間對話與互動的深意。此外，《薄伽梵歌》第一章主要講的兩種情緒——「恐懼與無力感」——皆出自較低的意識層次，也都會引人「錯誤行動」或「不行動」。所以，本書繼「恐懼」之後，第二章要接著講阿周那的「無力感」。

## ⊙ 難敵的嫉妒心結

「難敵」是俱盧國代理君主持國的長子。他的母后甘陀利懷孕兩年卻沒分娩，在此期間，般度的長子「堅戰」已出世。甘陀利聽聞後，難過地捶打自己腹部，結果生出一團灰色肉球。她去求曾祝福她生養百子的毗耶娑兌現承諾，仙人於是將此肉球分成一百零一份，存入酥油罐中密封並埋藏於洞穴。過了兩年，從打開的第一個罐子現身的便是俱盧族長子難敵；除了百子之外，最後一位是公主。

俱盧族百名兄弟在品行、武功、責任感、尊師重道等方面都比不上般度五子。傳言說般度五子乃不同的天神所出，但難敵不覺得這樣的出生有什麼了不起，他甚至懷疑他們根本就是貢蒂和瑪德麗自己在外面偷生的兒子，而非般度王親生，所以總稱呼他們為「貢蒂之子」。難敵始終相信他身為般度的長兄（持國）的長子，本就該是王位的合法繼承人。當初他的父親被迫放棄王位，但是，現在般度已歿，王位本該回復正統。後來，毗濕摩主張由堅戰繼位，他深信這是伯公偏心，是把屬於他的王位白白送給旁人。因此，他始終都不接受般度五子是他兄弟，屢屢質疑其功勳，在許多場合一再挑釁。難敵與他的舅父「沙庫尼」很親，兩個人都是這樣的心態，曾共同策畫各種陰謀要殺害般度五子，卻都沒成功。

難敵策畫了「蠟宮事件」後，般度五子竟然幸運逃生成功，還在外國一起娶了「黑公主」重新回歸，毗濕摩只好建議持國將俱盧國一分為二，令堅戰與難敵均擔任國王以緩和緊張情勢。後來，般度五子把「天帝城」建設得非常好，還舉行了盛大火祭，獲得好幾個鄰邦朝貢，一時之間，堅戰的名望遠遠超越了象城的難敵。再加上難敵受邀前去拜訪時，竟像個鄉巴佬似地誤以為湖面是平地而滑落水中，引來黑公主與眾人嘲笑，他因此妒恨交加。

難敵的舅父沙庫尼精於擲骰子賭術，便想以此詐騙般度五子。沙庫尼知道如何控制骰子，所以一定不會輸。邀請函是由持國發出的，送信人則是般度五子親愛的叔父「維度拉」，這樣的布局讓堅戰無法拒絕王族長輩的比賽邀請，否則不僅無膽，也顯得無禮了。維度拉在般度臨死前與五子同在，也是幫助他們逃離蠟宮的恩人，再則，德高望重的伯公毗濕摩也會在賭局現場。只不過，沒人會想到難敵耍起狠來毫無底線。

堅戰後來賭輸了整個王國、所有財富、四個兄弟，甚至連他們共同的妻子「黑公主」都輸掉了。難敵即刻命其王弟「難降」進入內宮把她拖出來，因為她已經是他的財產了。她被拽著長髮拖進了大殿，只見難敵哈哈大笑，命她過去坐在他的左大腿上。她嚴詞拒絕後，他又命難降在眾目睽睽之下扯掉她的紗麗服。俱盧族王子們個個不懷好意訕笑起來，都等著看好戲。幸好，黑公主蒙受奎師那恩典，她的紗麗服竟源源不絕，怎麼扯都扯不完，眾人驚愕不已。般度五子的二哥「怖軍」因此發誓要殺光難敵眾王弟，特別是要打斷難敵的大腿。

持國面對難敵的荒唐行徑，毫無管束之力，任由他胡作非為。憤怒的黑公主正要詛咒俱盧族時，持國與王后才因為害怕報復而介入，答應讓他們重返天帝城。但是，難敵和沙庫尼非得置般度五子於死地，就藉故重啟賽局，並事先約定好，賭輸的一方必須流放叢林十二年，而且第十三年必須隱姓埋名不被認出來，否則就要再次流放十二年。

般度族過了驚險萬分的最後一年後，總該拿回國土了吧。但是，難敵仍不顧毗濕摩、德羅納和維度拉勸告，拒絕依約歸還堅戰的領地。持國雖然公開批評難敵，但他內心深處似乎希望難敵保持強硬態度。般度族本想和平解決爭端，最後請奎師那前往議和，只要求五個村莊的統治權。

但天不從人願，難敵對此項提議嗤之以鼻，說他連針尖之地都不會給。甚至因為奎師那不斷勸說，他竟興起念頭要逮捕祂。於是，奎師那只好在俱盧族領袖及眾人面前展示了祂可怕的宇宙形相。這個形相有很多手臂，並持有與「毗濕奴」相關的法器如法螺、善見神輪、法杖等等。在那形相中可以看到各種神祇（包括眾瓦蘇、眾魯陀羅、眾阿帝提亞等等）、聖人們與各氏族英雄。奎師那向在場人士證實了自己確實是毗濕奴的化身，但是，異常頑固的難敵縱使親眼看見了神，卻仍置之不理，他只相信精良的武器、效忠的戰士，他只要贏。

難敵爭取到強大盟國的支持，麾下有最強大的戰將——毗濕摩、德羅納、迦爾納，也善巧用計騙得承諾，迫使他人為自己出征。例如，他騙取般度第四子與第五子的舅父「沙利耶」的軍隊，在他們大軍走近時表示歡迎之意，讓沙利耶誤以為這是堅戰的安排。等到他們接受各種享樂後，難敵才透露真相並表示沙利耶已欠了他一大筆人情債。難敵早知道他善於馬術，為了與阿周那的御者奎師那匹敵，竟不惜失格，用計詐騙以取得援助。

最終他集結了一支比般度族更龐大的軍隊。最後，沙庫尼還建議難敵去尋求奎師那協助。他到達後發現阿周那早已在奎師那的床尾等候了，於是他便站到床頭。奎師那醒來時問二人說：「我給你們兩個選擇，一個是手無寸鐵的我，另一個是我的軍隊。你們選那一個？」難敵說是他先到的，他應該先選。可是奎師那說：「我一睜眼先看到的是阿周那，而且他年紀較小，應該讓他先選。」難敵非常擔憂，但阿周那竟然沒要軍隊，而是選了奎師那本人。奎師那早已宣布祂不會攜帶武器，也不會直接參戰吶！難敵不禁喜形於色。可是，當他領著奎師那的大軍返回象城後，卻遭沙庫尼斥責：「奎師那本人當然強過祂手下的大軍啊！」

「戰場當下無真相，最後贏家寫歷史。」難敵這邊是俱盧大戰的輸家，《摩訶婆羅多》讀起來也像是贏家觀點。因為奎師那所言其實是修行之路，所以，雖然《往世書》中對難敵一方有較多貶抑之詞，然而，還是要提醒讀者讀到後來不是選邊站，而是能持平以對。堅戰死後曾短暫遊地獄，並在那裡見到自己的弟弟們，其緣由或說是一時幻境、或有各自因果，或堅戰的生父「正法之神」要測試他。只不過，堅戰一到天堂，第一眼便瞧見難敵與同伴正在享樂，這一幕實在令他太震驚了。怎會？怎能！但其實，奎師那早已說過：「普瑞塔之子，幸運的武士才能有這樣的作戰機會，這有如天堂大門意外地打開了。」（2.32）換言之，在大戰中為國捐軀的戰士，他的回報就是上天堂。而堅戰的驚訝程度或許是與他對難敵的偏見成正比吧？

## ⊙德羅納與杜帕達

詩節（1.2）所說的古魯即眾王子的老師德羅納。他年少時是般遮羅國「木柱王」（杜帕達）的同窗好友，他倆同在德羅納的父親門下學習。杜帕達曾經承諾，一旦即位，便會將一半國土分給德羅納。兩人各奔前程多年後，德羅納貧困潦倒，連孩子要喝的牛奶都買不起，便想去求木柱王協助。木柱王今非昔比了，考量到兩人身分地位懸殊，竟不顧往日情誼與承諾，甚至還當面羞辱他。

後來，毗濕摩請德羅納去訓練俱盧國的王子們。過了數年，王子們學成了，德羅納便要求他們去把木柱王綁來，作為給古魯的謝禮。持國百子前去攻打般遮羅國，卻屢攻不下。隨後，阿周那領軍攻下般遮羅國城池，打敗木柱王，並把他綁回到德羅納面前。最後，德羅納雖念及舊情，饒了木柱王性命，卻也真的奪走了他一半國土。

有了對難敵與德羅納的基本認識之後，再來看這兩句：

全勝說：

難敵看到般度五子所部署的軍隊後，便走到他的古魯面前說話。（1.2）

難敵說：

老師，請看看您聰明的弟子——杜帕達之子為般度五子擺出的陣勢。（1.3）

持國之前問的是，我的兒子們與般度五子在做什麼？全勝知道持國最關心的是難敵，果然馬上報告：「難敵已察看過敵軍陣勢，正要走到他的老師德羅納面前說話。」

難敵先去找老師說話，這個舉動是有蹊蹺的，因為以親疏論，他的伯公兼元帥「毗濕摩」也在他面前，為什麼不是先去和毗濕摩說話呢？

般遮羅國的木柱王即杜帕達；杜帕達之子即「猛光」。其實，難敵說的是：「老師，您看看猛光所安排的敵軍軍陣。」然而，他說出來的並非猛光之名，而是繞彎子講成「杜帕達之子」，也就是「木杜王之子」。他是在兩軍劍拔弩張之際，特意提醒德羅納關於「杜帕達」的存在。

難敵的用意是要德羅納莫忘宿敵「杜帕達」，也別忘了「杜帕達之子」的由來。當年木杜王憤恨難消，急欲復仇，但他心裡很清楚他現有的子嗣或同盟國都不足以與德羅納抗衡了。因此，他決定進行一場「求子復仇」的火祭。結果，從祭火中先走出來的便是「猛光」，隨後是「黑公主」。「猛光」一出世便頭戴寶冠，身著盔甲，手持寶劍及弓箭，正是為了毀滅德羅納而生。德羅納知道猛光的存在就是要取他性命的，但後來面對求教於他門下的猛光，因為欣賞其資質，竟也接受他為門生，甚至全力教導他高超的軍事技術。

誓死要擊斃你的「杜帕達之子」就在敵營，而且還是用你傳授的軍事知識布好了軍陣，就要來取你項上人頭呢！再說得直白些，難敵說的是：「老師啊，您看看您教出來的好徒弟，您的仇人木杜王的好兒子，他正率領大軍，擺好您教的陣仗，等著殺您呢！」不難想見難敵這番話雖說沒幾個字，只是稍稍提起「杜帕達之子」，但這就是關鍵字了，就足以激起德羅納求生本能的敏感神經，能激勵他使盡全力去奮戰。爾後，難敵似乎為了掩飾真實用意，才又提及了般度陣營中幾位主將，說他們個個都精通箭術，武藝高強，能以一敵萬。

難敵說：

我軍有百戰百勝的您本人、毗濕摩、卡爾納，還有慈憫、馬嘶、毗卡爾納和廣聲。（1.8）

前文曾點出一個問題——難敵視察完敵情後，為何是先走到他的古魯德羅納面前並對他說話？為何不是先去和他的伯公兼元帥「毗濕摩」說話？

德羅納與毗濕摩二人均為難敵陣營中最資深的戰將。德羅納是俱盧家族百餘位王子的古魯，毗濕摩是他們的大伯公。值此危急存亡之秋，難敵一言一行的目的就是要激發此二人奮勇殺敵，所以他告訴德羅納，誓死要取你性命的「杜帕達之子」就在對面。此外，他之所以「先」與德羅納談話，而不是先與伯公毗濕摩交談，這極有可能是，雖然他想要利用毗濕摩所向披靡的戰力，但矛盾的是，他打從心底仍舊不信任自己的伯公。

難敵很難相信自小愛護般度五子的毗濕摩會真的痛下殺手，並與他視如己出的般度五子兵戎相見。然而，難敵不信任伯公也沒錯，或許，他憑直覺就能感受到伯公不可能殺般度五子，自己卻又懷抱一絲希望想利用他。難敵這番言行，主要目的就在提醒毗濕摩、德羅納二人，萬萬不可念及與般度五子的舊情而在戰場上稍有心軟。

## ⊙ 陣前喊話

我軍由毗濕摩護佑，所向無敵；敵軍由怖軍帶領，軍力有限。（1.10）

大家要按照分配，部署在各自的位置，一切行動均為保護毗濕摩。（1.11）

一向自負的難敵之所以會選擇一戰，自然有他覺得能致勝的籌碼，簡單說來就是有好幾個超級戰將都在他這邊，而其中最關鍵的人物就是毗濕摩。毗濕摩早已誓死要用一生捍衛俱盧國，他的確是難敵勝利的希望。但是，難敵在此又提醒諸將領，除了各自的戰鬥任務之外，「務必要保護祖父毗濕摩！」說是要保護毗濕摩，其實也是在激起老祖父的鬥志與忠誠，尤其是在暗指老伯公德高望重，不應當令人心生疑慮啊！難敵心中十分清楚，唯有激勵德羅納、激發毗濕摩為自己拚搏，勝利才會真正降臨啊。

毗濕摩當然聽得出難敵的弦外之音，知道難敵始終心存疑慮。然而，他能說什麼呢？所以，他只發出了一聲獅子吼，接著吹響海螺。此舉讓難敵振奮雀躍，覺得自己陣前喊話奏效了，德羅納和毗濕摩不會再有一絲猶豫，必定會全心全意與般度族決一死戰了。毗濕摩吹響的海螺聲驚天動地，撼動了整個戰場上的人心。俱盧國的大戰車接著從四方響起了戰樂，勇士們情緒激昂。

戰場上另一邊，般度族第一高手阿周那，與他的戰車御者奎師那率先吹響了各自的海螺，以回應毗濕摩的呼喚。接著，般度族的國王堅戰與其他英雄也紛紛吹響了各自的海螺，提振軍心。結果，

那響聲高亢、震動天地，彷彿撕裂了持國諸子的心。（1.19）

全勝在此僅提及「持國諸子」，換言之，般度陣營的海螺聲並沒有撕裂毗濕摩、德羅納這樣的人物。然而，這節詩描述了般度陣營高亢的海螺音對持國諸子的身體造成了首次強大衝擊，似乎是在預示——持國諸子終將遭殲滅。而在成為事實之前，般度族早已經用海螺音撕裂了他們。

## ⊙血緣之力

大地的主人持國啊，阿周那對「感官的主人奎師那」說：「永無過失的人啊，請駕我的戰車到兩軍之間。」（1.21）

阿周那說他想看看對手有誰，還有那些一心求戰的都是些什麼人。他衷心要奉獻在戰場上，好讓他的長兄堅戰順利繼位。身為般度族陣營的主將，他要先看清楚敵人陣仗。

詩節中呼喚奎師那為「感官的主人」，這當中其實蘊含深意。因為阿周那在看見（感官）了敵方（感官對象）後，受到多重情緒的衝擊。敬愛的師長——毗濕摩和德羅納、從小一起長大的俱盧族百名兄弟、童年玩伴、至親摯友、祖父輩的、父執輩的、兒孫輩的都在他眼前了。而今，兄長的王位之爭竟走到了「不是你死，就是我死」的絕境。大家都是剎帝利，都有家族血緣的情分，怎會來到這可怕的戰場要相殘呢？

敵方陣營中讓阿周那真心不忍的或許只有伯公與老師，難敵領著近百名兄弟從小就欺侮般度五子，理應恨之入骨，為何陣前反倒退卻？

這就是「血緣」的力量！無論家人如何惡劣對待，人就是很難從親情的漩渦中抽身，甚至因此無法活出「自己」、「真我」的生命。你只要想想自己，看看別人，世間有多少親子手足就算彼此積怨已深，但每逢過年過節，絕大多數人還是選擇參演「返鄉省親」、「闔家團圓」這齣戲。可同時心中也雪亮著：只要忍得過一時，就可以再度各過各的，那才是自己真心想要的！若家中有人不斷欠錢不還或製造麻煩，雖然痛苦又痛心，多數人還是會選擇隱忍或替他承擔。往往需要痛苦個好幾輪才會清醒，才會想去挑戰這種血緣上的糾葛，學習劃清界線。

阿周那接著用理智分析，認為同族相殘會毀掉「氏族傳承」與「種姓階級」這種安定社會的力量，會罪孽深重，所以懷疑這場戰爭的必要性。他心中有不同的複雜情緒交織著，恐懼、悲傷、憤怒、沮喪，這些都是有的，乃至於最後他意志消沉。總的來說，就是一種深切的「無力感」，因此無法行動，癱坐於戰車上，並告訴他的御者奎師那說：「我不打了。」（1.47）

## ⊙ 無力感

阿周那望著戰場對面的親朋舊識，他描述自己的身、心感受，最後放下武器，無法行動，這正是「無力感」的具體表現。本該是鬥志昂揚的戰士，此時的內心卻怪異地滿是同情，「真不知

道是我們戰勝好，還是他們戰勝好？殺死面前的持國諸子，我們也不願活下去。」（2.6）

「無力感」的起因很複雜，可說是很大的靈魂功課。無論引發無力感的緣由為何，首先都要觀察並自問：這種「什麼都不想做」、「什麼都使不上力」的感覺是怎麼來的？至少要先分辨這無力感是源於「自己的事」或「別人的事」？若是前者，那不妨留意是否經常自我批評、自我設限，這也不對、那也不行？小孩通常不會有無力感，可若大人一直禁止他，不准他自發性地探索，種種限制性的信念終會讓他失去行動力。

若無力感是來自於「家人」、「別人」，那就要更小心了，要檢視自己是否持續地過度介入別人的事，因為這種無力感是受他人拖累而卡關的。你要記得，別人不開心、有情緒，那都是他的事，你可以選擇走開，不必被他的颱風尾掃到變成犧牲品。會被他人情緒牽連的人通常沒有界線的概念，結果就是糾結在別人的事情裡面，甚至去背負他的痛苦，還會以為是自己有錯，而深陷於自己沒用的無力感中。但其實，別人的事就不是你該扛的。

若家人都已經成年，大家就要為各自的事負起責任，不應該對誰有期待，也不應該過度照顧誰。但是，當局者迷，事情一臨頭就是會看不清，也很難做得好。這世上絕大多數的家庭是「相欠債」的「冤親債主」關係，甜蜜的家庭雖令人稱羨，但其實為數不多。若是一言不合或不符合期待，理應相親相愛的家人就會變臉，情緒行為就會失控，甚至提刀互砍，有如戰場上的敵我雙方。

而更多的情況恐怕是，從小成長於家庭風暴中，早就對這種負面對待的人際關係習以為常，卻又慣性地一再逃避，不想面對也不知道這樣下去只會毀了自己。很多人也像阿周那，與家人親戚相處時已覺得不舒服、不快樂、進退失據了，可是也說不清楚問題在哪裡。只覺得自己明明安分守己，甚至是願意多付出的，但不知怎地，家人對你就是有不同的認知，總是提防著你、說你壞話，事事都要阻擋你、陷害你，弄得你了無生趣。也曾想過不應該放縱有敵意的家人，要強硬起來不讓他得逞？但後來都還是算了，大家都已成年，各人造業各人擔吧！於是，你帶著家庭造成的新舊傷口，凡事遲疑猶豫、進退兩難，無力感愈來愈重，怎麼會這樣？

無力感看似無害，卻是一個重大警訊。極度的無力感不是沒有壓力，而是一直在累積壓力，最後會排山倒海而來把人壓垮。人若承受不住壓力了，情緒就會崩潰，也就無法約束自己的感官。這意思是，他不是故意亂發脾氣的，但就是再也無法克制自己要動手動腳了。所以，若無力感很嚴重，又加上其他不利因素的話，到後來，有人會選擇斷絕所有聯繫，與世隔絕；有人會很常情緒激動地大叫哭喊、自殘；也有人會轉而對他人施暴。

## ⊙ 陷落的原因

深陷於這種「沒有愛」的人際關係，對人生充滿無力感的首要原因是，你還沒學會辨識「自己真實的感受」與「真實的表達」。意思是，心的感知力一直都在，但你習慣忽略它，不知不「覺」，從沒警覺到「錯誤對待」的嚴重性，所以，當然就無法如實表達真實的感受與想法。感覺不對卻不說，這就是「心口不一致」。不對的事還不趕快說，別人當然愈來愈肯定他是對的。所以，心裡有事就要心平氣和地去找當事人，針對該事說清楚，否則，一味怕事而拖延，避重就輕的結果最後只會折損自己。糟糕的是，在生活的其他場景，你是不是也會這樣，慣性地不回應呢？把思考過的話好好說出口，這未必是硬要對方配合你，而是你把自己的「真實感受」說出口了，你才能活得不憋屈！才能「強心氣」！

第二個原因是：「你愛家人，但面向太單一！」你從沒懷疑過他們可能會害到你、連累你。或許他們只是把事情想得太簡單，卻會讓你很痛苦。在家族、父母、權威的罩頂之下，你對自己身陷於何種狀況是不清不楚的。即使你覺得家人很討厭，很想擺脫他們，但你就是從這裡成長起來的，某些部分的你就是他們，想與他們切斷關係無異於某種自殘啊！身體血緣如此相近，習慣脾氣如出一轍，而靈魂品質竟相反對立，有如南北兩極互斥，卻又因家庭而必須團聚、商議要事、出席對方的婚喪喜慶。感到對方無止境的索討、欺壓時，你一再退讓，演變到後來竟然是你必須全聽他的，他才願意接受你對他好，令人無言至極……一方面覺得他可憐，可是去幫他就等於毀了自己……這種情緒不正是阿周那在戰場上所感受到的「無力感」？奎師那講述《薄伽梵歌》正是觸及了這種從家庭紛擾中產生的無力感，並指出個人如何走出家庭的無解困境？

無論如何，請先照顧好自己。每次與家人衝突，內心衝擊都很大，大到寢食難安。情緒上有很深的驚嚇、擔心、憂慮、苦惱、怨恨，但這些痛苦都是卡住的，雖然想大叫發洩，卻又哭不出來。有時氣到沒胃口，還是去大吃一頓，好像潛意識裡想用吃太飽的方式自我麻痺。

面對家人的情緒風暴，要先保護自己，若還不知如何處理，不妨先離開以求自保。一方面要知道，這種困境是自己過去的無明慣性餵養出來的，自己本身也有著沉重的道德框架。另一方面要記得，這也是光明降臨前的黑暗，可以試著懺悔、迴向。這的確不容易做到，因為被激到後來真的只想對方死！若是如此，那就盡量獨處，做些簡單家務、洗碗筷、摺衣服、運動、聆聽有淡淡幸福感的節目，想到什麼，就靜靜地去做。從簡單家務中，把自己一片一片重新組合起來，暖機、啟動。也可以什麼都不做，只隨生活作息的波流，自在起伏，靜待黎明。待情緒回穩，那些衝突場面又浮現腦海時，再好好回想是對方的哪句話讓自己爆炸？在無可挽回之前的那個底線或邊界是什麼？

上述問題並不是去找誰求得一個答案就馬上好得了的。正確行動是，你終究要「瞭解你自己」，以及「瞭解你所處環境的人事物」。有時候覺得已經把事情看得很清楚了，卻還是有無力感，這其實是說明了你還沒完全清楚，還有很多的「點」並未有真正的「瞭解」。除了要去「覺」、去面對自己「真實的感受」，也要有「瞭解」與「承認」人際關係真相的勇氣。

## ⊙不敢承認的真相

有人說自己從小就爹不疼娘不愛，所以特別懂事，水槽裡的碗、待洗的衣物，他都會主動去收拾乾淨。可是，他心裡一直想問：「爸媽好像都沒看見我的付出？若有看見，為何不曾對我說聲謝謝？失信於我或錯怪我了，也不曾說聲對不起？」長大後他終於問出口了。父母的回答是：「我養你這麼大，有叫你說謝謝嗎？」、「這有什麼好計較的？」類似這樣的話他聽了以後，本來只是不瞭解的心，現在反而被插了好幾刀，血都瘀在體內流不出來，很痛也叫不出聲音。他沒當場發怒，也沒跟誰講，只因為無法承認「我沒有一個甜蜜的家庭」，他卡關了。

這世間的人都渴望「被愛」，但家庭關係中的真相，卻都不太敢去觸碰，因為要承認「家人並不愛我」、「我的家庭沒有愛」是很難很難的。可是你要知道，「真相」的本質是中立的，「承認真相」這件事本身不會造成傷害，是你個人的詮釋角度才會。

世人多歌頌父母偉大，但兒女對父母的愛可能更為深長。孩子就算被父母賣掉、被虐待，他對父母的愛即使讓他傷痕累累，還是會盡力想要靠近，並照顧他們終老。而這種兒女，走到人生某個階段一定會看到令他心痛不已的「家庭真相」。那是在某種前後映照、對比的情況下，心中忽然領悟到：「啊，媽媽原來最愛的是自己！」「啊，爸爸原來只是在利用我！」「啊，父母並不是真的愛我！」若無心理準備，或不接受此一真相，就會因家庭而受傷，在自己的人生種下了

「悲」的種子。

有些人在臉書認真發文，卻發現兄弟姊妹是一個讚都不會按的，這已經說明一個真相——「親人有一點刻意地在忽略你」。很多人心裡自知，兄弟姊妹等家人真的不太關心你，也絕不會挺你，若遇到你的重要時刻，他們要是能假裝沒看見，就會跳過去不管的。然而，一家和樂的畫面多美好，所以有些父母就會用錢控制孩子，讓表面的幸福能撐下去；而孩子也打好他的算盤了，才會願意維持假面關係。有人甚至為了那份造假的彼此守護，就算家人踩他、虧他，他也無所謂。

家人朝夕相處，兄弟姐妹一起長大，但彼此之間經常雞同鴨講，原因就是大家的「念頭、情緒、脾氣、喜好」都不一樣，若沒特意學習去「瞭解」，就會發生誤解、誤傷。而有時候，即便瞭解了，還是會有「不接受、不面對、不處理」這種情形。可能的原因是，他就是要偏袒，就是要不顧真相，就是拒絕承認、道歉、道謝或改變。理性上，大家都知道這樣不對，然而，現實上就是做不到。為什麼會這樣？

這類人際關係裡還有一個真相——彼此都在「索討、交換」。例如，很多人結婚就是考量諸多利益後的決定，他們想從中交換彼此想索討的東西。父母子女的關係也有這樣的，或許還是有一點愛，但更多的是索討。父母的嘴上不會明講，有時還會否認，但他心中隱隱期待著小孩未來可以帶給他什麼好處。相對地，小孩也向父母索討，得不到就怨恨。明明理應有愛，為什麼到後來變成恨？真愛不應有恨，會有恨是因為在「那種愛」裡面，「索討不成」反而吃到苦頭了。然而，

要看見並承認自己的親子關係裡「沒有愛」，而是建立在「索討」之上——超困難的。（註2.1）

若不願看見，長期不平衡的索討就會演變成親情霸凌。從一開始的「沒什麼吧」，到覺得不合理、不公平了，到忍不住爆發衝突，這當中藏有很多「你情我願」的索討與交換。大多數的父母都要孩子「聽話」，那麼，孩子就要接受父母過度干涉、強烈保護、擅自決定。父母若心情不好，也會覺得可以把氣出在孩子身上，甚至可以羞辱他。所以，父母的給予是有條件的，他們要你的「聽話」，而你要的又是什麼？你不是也得到他們無微不至的照顧呵護嗎？後來不想配合是哪樁交換你覺得不公平呢？父母說：「若你如我所願，我就愛你如己；若不照我說的做，我就要嚴格控制你。」那你能分辨你的「愛」與「索討」哪一個成分比較大，而去拿捏出適當的距離？反過來說，你能否看到自己也在索討？

人生已過數句，其實多少也知道自己與家人、朋友的實質關係，那為何一遇狀況只會說「我不知道」？別人說你在裝傻，或者你就是覺得自己純屬無辜。但事實上，那裡面「也有你想索討的東西」，若不正視，也只好繼續糊弄自己了。

有些索討關係極度不對等，只有單方面一直付出，另一方卻愈加如狼似虎。心太軟的人雖不認同家人的作為，卻常覺得只是稍微配合一下不要緊啦，就是不想讓家人失望。結果，就是這個「稍微配合」讓自己總是被擺布，甚至不知不覺之間變成他的同路人。雖然他與你有血緣關係，但他是不值得幫的人啊！所以，你做愈多就愈心累。你愛家人，願意稍微犧牲自己，可是他們就這樣一直忽視你、誤解你、扯你後腿，這會是愛嗎？而你在掉進地獄之前，就是陷在這種想逃又愧疚的糾結裡，痛苦不堪。往往要等到你真的想反轉這一切了，才有力量掙脫牢籠。

朋友圈的真相也是多數人不想去看的。你若想知道自己人緣的真相，就去找朋友借錢看看，特別是那些常對你噓寒問暖的人。在朋友聚會的場合，大家都表現熱絡，互加臉書，直呼要再約，但之後的生活其實就是平行線。盤點自己的人生時，不妨想想有哪些朋友真會挺你？

逢年過節家人又團聚時，你可曾想：明明不欣賞你也不支持你的家人如何能與你團圓同樂？所以，對治無力感還有一個重點是——「承認真相」——接受並承認「目前無法擁有相親相愛的家人」是一個真相。這意味著你真的看見很多「不一致」了，過節齊聚一堂是假象，不是真愛。若不去看這個真相，那也就看不到「你自己」的真相了。你無力感的源頭正是因為你拒絕去看清楚，沒有「真實」的關係作為基礎，你努力去做的一切都會很辛苦、不持久。「人需要被愛」是真的，但虛假的愛不能要！如果不加分辨亂要一通，把假的當作是真的，那是在矇騙「真實的自己」，這樣會愈來愈迷失。

瞭解並承認你與家人或朋友圈的真相後，並不意味著對方就不再是家人或朋友，而是你必須如此，才能看見更多角度的真相，而最後，你也才能因為更多更深的瞭解而釋懷，才有力量「不再討愛」。你會轉而聚焦在自己的成長上去行動，而這正是你能克服無力感的關鍵點。

## ⊙ 愛與分離

大自然裡，聚散本無常，「分離」是很自然的常態，若因分離而過度悲傷，那就會困住自己。

薄伽梵奎師那的親生父母出身王公貴族。他的舅父——瑪度拉國王坎薩聽信預言說，他會死於妹妹的第八個孩子（即奎師那）手下，他本來想直接殺死妹妹的，後來妹夫表示願意把出生的孩子都交給他處理，他才饒過他們夫婦倆。奎師那是主毗濕奴的化身，所以祂一顯現，幻力女神便安排讓祂的親生父親把他抱到溫達文牧牛部落的領主家裡。所以，奎師那是在鄉下地方，在養父、養母、兄弟、牛群、牧牛姑娘們的陪伴下長大的。他從小自然流露出天賦異稟，能行非凡之事，同時與溫達文的居民進行各種愛的交流，過著甜美的生活。

然而，奎師那長大後仍然選擇「分離」，遠離親愛的養父母、自幼愛戀的情人蘭妲及牧牛姑娘們。原因是，他下一階段的發展勢必要離開牧牛社群，才能去活出他生而為剎帝利的本質，才能進入他居士的人生階段。當然，經典裡所記載的牧牛姑娘們是透過感受「分離」而更加強烈地意識到奎師那的臨在與愛護，也更增添她們「對奎師那的愛」（Krishna prema），並體悟到祂並未真正與她們分離，反而是常相左右。

這些深愛奎師那的人們曾因與祂分離而受盡委屈，充滿焦慮。奎師那為此也曾派專人前去安慰他們，甚至曾親自問候、安慰、擁抱，並送他們華美的衣物、裝飾品等禮物。也曾安排在另地與他們共度兩個月的逍遙時光，以回報他們的愛。儘管如此，在物質層面上，祂仍然選擇去活出祂的生命，並經營祂居士階段的生活。奎師那與其家人好友之間的確很親，彼此就是「活在愛裡」的關係，然而，到了必須出外去探索與開創時，他還是選擇「分離」，自己走路，走自己的路。

相較之下，阿周那與其堂兄弟之間早已演變成仇恨關係了，不早早分離的結果就是必須持刀相見！反觀我們與家人的關係，其實，長大成人後，真的要有與家人分離的準備。所以，要去看見你與家庭的糾結是——家人不放你走？或者其實是你對他們太依戀、太習慣？你家庭問題的根源也有可能是「你還不願分離」。

## ⊙ 斷絕關係

有些人離家的原因是：「爸媽對我不好，不幫我買車就算了，只會罵我……我要斷絕關係。」他以為只要威脅父母，就能如他的意。若放大到人際關係裡來看，這些人一旦進入社會，也常說「合則來，不合則去」。不過，這種「腦模式」運轉的結果是可以預料的，若不改變，其實到哪裡都一樣，甚至會演變成看誰都不順眼，什麼都看不慣，養成忿忿不平的人生態度。

每個人身心受創的程度有別，是否要「斷絕關係」需要審慎檢視。有些家庭已經是「火場」，那早該逃命去。可是多數家庭雖然各自都捧著一本難念的經，有相逼的痛苦，卻也有很深的依戀執著。

若真的需要與家人斷絕關係，多半已經承受了很大很多的痛苦！實在是負荷不了，走投無路了才會出此下策。然而，你要知道「斷絕關係」的兩個問題。首先，你能斷絕的只有距離，而且是你不惜傷害自己，而硬要劃出來的一條界線。但其實你只是想當眾宣布：「太討厭爸爸了，你不要再靠近我！」然而，你與父母家人的關係不只是身體血緣而已，在「精微體」的層面上，也有較深的因果牽絆。你有身、心、靈三層面，亦即「身體、精微體、靈性」。你的「精微體」與父母共有相似的「情緒、念頭、習慣、脾氣、個性」。在能量的層次上，你們一直是共振的，也就是說，你與他們的緣分很可能還沒結束。

再則，要斷絕關係，受苦受害最大的極可能是你自己。例如，面對一直親情勒索的家人，你必須斷然拒絕無理的索討。你知道只要有一絲心軟，他就要不斷地來討，所以必須對他疾言厲色才行。然而，你的難關在於你必須「武裝」自己，或動怒大罵，或冷漠忽視。可是這樣做，你也是在對自己插刀，他反而若無其事，只是改日再來討而已。你回想一下，心軟的自己要用盡力氣，嚴厲警告對方時，內心有何感受？若有朋友問起你與家人的近況時，內心是何滋味？是否有一種欲哭無淚的「悲從中來」？你可以跟人訴說過去父母如何荒唐，兄弟姐妹如何勒索你，而且你不與他們往來了。但是，為何一說再說，仍舊無法抹滅內心那股沉重與無力感？可見，「斷絕關係」只能做到表面。

即使真的老死不相往來，可怕的是，你花了大半輩子在批判、對抗、逃離父母，卻在有了伴侶和孩子以後驚覺——自己根本就是他們的翻版！而一旦有此發現，你願意去看更清楚些嗎？能不先一口咬定「都是父母的錯」嗎？能否如實接受自己的確有和父母相似的部分，再看看怎樣才能做出不同的選擇？能否學到「踩住情緒的煞車」（註2.2）、換個角度思考、不再重複父母的舊模式？當你有心要修正，你就會瞭解要改變慣性有多難。而你若有了實質的改變，就更能瞭解為什麼父母會做不到。

父母家人的確有沒做好的地方，即使那問題嚴重到你必須斷絕關係，但是，你要小心，「別自以為是受害者」。即使你因為家人的關係，沒能去完成自己的夢想，也別因此就認定自己是受害者。因為每一個當下，你都可以是獨立、自由、新生的。但是，「受害者」的概念會把你綁在過去的傷痛裡，會讓你執著於「想像出來的損失感」。一個人若只想扮演受害者的角色，那他會怎樣？

有些人心中永遠會存有揮之不去的悲涼。有些人會變得很暴力，因為他承受過不公平的待遇，一有機會他必定要扯平。所以，因家庭而受傷的人會失去對他人的信任，會變得更孤立，以為這輩子只要「把自己照顧好就好」，也會把人我之間切割得很清楚。還有人接著會「不願意負擔家庭責任」，到最後也就自然地失去扛起責任的能力。一開始以為「把自己照顧好就好」，其實就已經走偏了。

更重要的是，你在家庭方面的功課會一直擱著沒去做。可是，夜深人靜時，內心會有很多聲音、情緒、畫面跑出來，這些都是你還沒想清楚、講清楚的事。不去面對的話，內心永遠會有「愧疚」與「遺憾」反覆浮現，會在你意想不到之處絆住你，令你內心永遠有「悲」。

其實，你不是特例。所有家庭都有不同的課題要面對，所有人都有家庭的功課。你可以自行決定是否真的必須斷絕關係才能保全自己。不過，別在你憤怒、仇恨、怨懟等情緒滿溢時去說這樣的話。先讓自己休息足了，精神養好了，前後都想清楚了，再把思考過的話好好說清楚。這樣，至少能減低對你自己的傷害。

## ⊙ 自求多福

能與家人有「愛」的關係是此生一大圓滿成就，但絕非一蹴可及。當你練習覺察自己的索討、情緒，看清楚困住你的念頭之時，你同時也要去覺察他人的「意願」。你的正向改變的確能逐漸帶動他人心念的轉化，進而改變雙方的互動模式。但是，永遠都要尊重對方的意願。他若還不願意醒來，若還想扮演可憐人或控制者的角色，只想收取愛心卻不願付出，那你也只能「自求多福」。然而，這並非棄他於不顧，你還是樂意為他做你所能做的。事實上，你只是比較專注在自己的身心靈成長，只是「把他的事留給他自己」，如此而已。

在還不認識「自己」之前，一味地只想要「被愛」是危險的。人會陷在痛苦的關係裡走不出來，也是因為還存有「被愛」的想像。然而，若你出生的家庭就是沒有愛的，與其向外討愛，還不如思考「如何善待自己」。「身體健康、心情愉快」就是人生一大成就。那麼，你該如何安排生活才能達成這個目標呢？

章成禪師說：「『自求多福』即『自己懂得給自己豐盛』，而不是向外索求，削弱自己的能力。」

「自求多福」是有別於與家人「斷絕關係」的另一選項，是你懂得把注意力放回到自己身上，懂得先經營自己的生活。上一代的長輩可能年紀大了，幾十年的人生愈走愈負面，真的不是你這個小齒輪可以帶動的，那你就要讓彼此的生活圈只有一點點交集。這並不是要你斷絕關係，而是「你不能一直被他拖下去」。否則，你最終會覺得自己的人生是被他拖垮的，結局變成雙輸。所以，你要先改善自己的狀態與品質，這樣子你反而會有耐心與能力以「慈」相待。

有人想要生活有情趣，結果是去對外人哭訴說「伴侶都沒有情趣」，這樣子是永遠都無法享受到情趣的。同樣的道理，人生的福氣、生活的豐盛來自於「你本身」要「懂」，也就是要去「瞭解」、「學習」食衣住行、運動、用度、器物等等生活項目該怎麼選用與安排，才能讓自己身體健康、心情愉快。豐盛或情趣都是你自己要出來作主、學習、選擇、實踐的。

若你能把自己的生活運轉到豐盛的局面，也沒斷了與家人的聯繫，他們就有機會看到豐盛的你，那或許也會想要像你這樣。你把生活過得有餘裕了，學習智慧後有創造力了，之後，你再回過頭去看家人，就能把前因後果看得更清楚，也就更有包容他們的雅量了。屆時，你們彼此之間，若都懂得互愛互敬，都要追求健康幸福，那麼，家庭關係也是能變得親密的。

另外一種需要「自求多福」的情況是生離死別。在命光將盡時，彼此要「劃清身體界線」，自求多福。例如說，父母已經走入失智的進程了，他已然無力改變，你也只能陪伴、幫他維持住身體上的基本運作。若你總想著過去種種快樂，這些念頭、情緒本身就註定給你痛苦。

你是有愛的，但走到了生死關頭，怎麼做才是有愛？事必躬親、無微不至的親身照護是有愛的表現。然而，父母七、八十歲，自己也有五、六十囉，真的要量力而為。不能做到心力交瘁，也不能犧牲自己。其實，即使體力上還撐得住，但是精神上的耗損呢？所以，失智症或類似疾病的照顧者也有「自求多福」的功課。第一，要直視內心那個痛，莫要索討別人一時的安慰、鼓勵或支持。再有療癒效果的金句、音樂、諮商，都像夏日微風，吹時舒爽，吹過無痕。那個痛點在你心底深處，若摸不著根源，難以止痛。

那個痛是要你去看清楚你這個功課——要知道，與家人再親，但在身體的層面上就是註定分離。面對這個鐵定的事實，你更要學習「自求多福」。「愛」也是正向的、往前走的能量，不會執著地扣住一個準備離去的靈魂，硬不讓他走。「愛」也不會讓自己被道德框架綑綁，自己都奄奄一息了還要硬撐著做到旁人都沒話說。

然而，如何能在享受生活的同時，忘卻至親在受苦？這第二個重點來了，你的生活需要含有

「學習智慧」的成分。也就是說，你要成長，要有能力用「學習智慧」的角度去生活。即便曾有幸福時光，但事已至此，那就「不要回頭看」。凡事只要已成為過去，你就是「往前走」，而這一點正是宇宙間很大的智慧。人來投生時，過去世不也全忘了？過去世那些你很愛或很恨的人事物全都忘了，但你有因此覺得不好嗎？若能記起，你真的要嗎？

人世間本來就沒有永恆，所以在你擁有的當下就要去「珍惜」，好好品嘗它。感受到人家愛你時，你便即刻回應「我也愛你」，當下就要去「感謝」，感謝這一切溫暖你的心，而這些感受是你可以帶走的。你若學會在當下「珍惜、感謝」，並「回到愛裡」去生活，便能經驗到「永恆」這個「靈性」上的特質。即使你深愛的人離世了，雖然無法繼續用肉體的方式感知他，但用愛的角度在生活中體會，你便能意會到「他們」一直都在，而且那份更大的愛也一直在愛著你。當你離開肉體，回到「大合一」（永恆）裡面，你也將發現你愛過的人事物通通都在。所以，要學會打開感謝的眼界，珍惜當下，真正為了愛去活。不活在過去，也不回頭看，要往前走，不斷去開創。

照顧者的一個困境是，花了時間精力後所得到的成果是對方「停止前進」、是滯留的，甚至是每況愈下的，而人性不會想去一直重複同一個東西。然而，若你無論如何都「心存善念」，願意守護對方，帶著他去「創造」最好的狀態，這些心意他是感受得到的。「帶著他」心存珍惜與感謝，繼續向前走——繼續學習運用智慧去生活，而非用情緒、不甘心去生活。這樣子便會開啟好的循環，到後來也會雙贏。

所以，你不需要跪下來求，只要站起來向前走。這樣子，就會不斷地輕鬆超越，你現實世界的福氣、富貴、豐盛也會隨之而至。

## ⊙ 內心出家

本書第一章談的「恐懼」來自「二分法」的對立；然而，「分離」也帶來恐懼，是害怕被拋棄、被拒絕而失去與人連結的恐懼。分離的恐懼是害怕「失去認同感」，失去自我價值感，再也沒人在乎我了。因為家庭是社會的最基本單位，所以，任何人說要與家人斷絕關係，其實，自己內心就已先受傷了。然而，人生是可以做到不決然對立，也不斷然分離的。人際關係只要能拿捏出適當距離，和諧是做得到的。

章成禪師說：「開悟是很多能力的累積才有的，而這裡面的基礎就是出家。」這裡的「出家」並不是離家去住在廟裡，剃度修行。「出家」是指「一個人不再受限於狹隘的家庭觀念，能夠看到每一個人都是一個完全獨立的靈魂，有自己的功課，要為自己的人生負責。」

這不是叫大家不尊重權利義務，然後自私自利去生活，而是能夠看到家庭裡面其實有很多的互相牽制、控制，只是以愛之名所包裝的自私，你要從這種結構裡面脫離出來，不要為了這種東西而活，否則你的受傷就永遠不會好。

你能夠看到家人之間彼此的拉扯，以及其中的因果關係，然後，你能夠重新選擇去愛自己！所謂的「愛自己」並不是自私自利，而是你不再在家庭關係中去助長自己或親人的「自我」，你能離開這種自我與自我之間的糾纏，選擇真正清明的愛去做事。

如果你真的能夠回歸到清明的愛去看的話，其實地球上每個人都是你的家人，只是血緣上的家人，跟你比較有近距離的互動而已。（註2.3）

「出家」是「開悟」的基礎，也是身心靈成長的必經之路。家庭生活中的無解難題正是那一片片的拼圖，最後有助於拼出你人生開悟的那幅畫。因為身體血緣的關係而成為一家人，彼此之間通常是「互為功課」的關係。要解開家人之間的愛恨糾纏，你必須先在內心隔開一段距離，這樣才能看得更清楚些。這件事無須公告周知，從內心去做即可，是「內心出家」，是你選擇「要成為一個獨立的靈魂，為自己負責」。

就你自己而言，所謂「內在小孩」，並不是要一直耽溺在檢視過去創傷，一直停留在「被呵護」的階段。必須在你人生的現實場景裡去練習「承認真相」、「自求多福」、「內心出家」，你的「內在小孩」才能真正長大成熟，脫離家庭、因果、輪迴的糾纏，不再因為恐懼、不安全感、匱乏感、假我、嫉妒、貪欲而與家人彼此索討、互相牽制。你會知道有些家人是你要保持距離的，而你必須明哲保身，否則大家都不會好，你也會因為這種執著而無法走上你的天命之路。

若能從內在選擇獨立，能與自己怡然相處了，接著就要去看清楚身旁的種種現象，在家庭、社會戰場的混亂中保持清明。遇事時可先想：「我如何活在愛裡？我想要一個雙贏的作法，一個不會助長雙方『假我』的作法？」

或者，要找出對方「值得你感謝」的點。千萬別覺得自己這樣做就弱爆了、輸掉了，因為你面對的人是家人、朋友、同事，這些人來到你的生命裡都有其潛藏的脈絡，而你因為有覺醒，所以你練習在內心出家，「回到愛裡」。若你不先這樣調整心態，各種糾纏後打了好幾個死結的關係又怎會有解開的機會呢？

章成禪師說：「家庭功課的目標就是：『如何讓家人成為你的天使？』」

所以，你的成長會具體表現在你是否願意「先愛」、「先感謝」，再用思考過的智慧去說話做事。如此一來，原先的戰場就能轉為「道場」，每次一遇功課，你都在練習「約束情緒、念頭」，用更成熟的態度、作法待人接物。你會看到家人有「假我」，自己也有「假我」，兩方僵持不下時，你懂得先退讓一步，並思考「他想要什麼」，進而學會給予適合他現階段的東西。發生不愉快時，你能約束嘴巴，有些事也就不用再提了。對方盛怒時，不妨留空間給他發洩，等到之後有機會時再做一點付出，讓他感受到「有甜在心」的東西，以及你想與他好好相處的誠意。這世上沒有誰是完美的，若他能在你所需要的點上提供給你、服務你，他就是你的天使。哪怕只是很小的點，你都要去看見，並予以肯定。

倘若與家人互動無法形成正向循環，你也無須認定他是你永遠的敵人，你還是可以修練自己的言行，自己先做好。每一次遇到不順你心意的人，你要知道這都是有卡關的地方。選擇去面對，練習永不惡言相向，不去冒犯他，反而要主動去找出他的優點、亮點，用鼓勵他的方式對他說話。否則，因為家人隨意一句話，你就去放大負能量去糾結對抗，定要出一口氣才會爽的話，那麼，你的焦點也會一直停留在對立。到後來，會覺得滿街的人都在與你作對了。久而久之，還會感慨：「為什麼我遇到的都是這種人？」、「某國人都很壞！」這是你真心想去感受的嗎？你想要這樣的人生嗎？

倘若家人有賭博、欠債之類的惡習，即使你保持正常應對，他反而軟土深掘、得寸進尺，總有各種負能量要把你捲進去。雖說他未必有多壞，但就是愈老愈不懂事，甚至白拿了東西還自我膨脹。那你就要學習更細緻的處理方式，例如恩威並施，讓他踢到軟鐵板，知道輕重。大多數的人起初都不壞，有時候問題其實也沒你想像得那麼大，但你回應的方式可能會擴大他的壞，也遮蔽你的耳目了。你要做的只是保持內心穩定，不要掉到負能量裡面去。

章成禪師說：「愛最大的特質就是『懂得等待』。」那麼，若能等待，你終將看到這一切家庭問題對你的未來也會有它的貢獻。

更重要的是，練習「內心出家」後，你就不會再有需要向「對立的家人」「討愛」的「悲」。更有智慧的你，從花錢的方式、生活的方式、看待事情的觀點與心境都令人眼睛為之一亮。能用「光」一般的溫柔普照，默默地幫助家人自發地去看見、整理、反省，這就是你對他們能開展出「慈」來了。若能一步步地做到互相支持去成長，那你就是在家庭關係上達成「雙贏」了。

若家人不改變，那你也只能自己一人在學習智慧的路繼續走上去，而你在內心給予他的適時關注、微笑祝福，就是當下最大的愛了。此時的你走在「菩薩道」上，煥發著生命的豐盛光彩，自由自在卻不孤單！因為你體悟到家庭的價值並不在於血緣關係，而是「愛」。最終你會發現，「內心出家」是走出了身體血緣上的「家」，卻因而能回到永恆的家。你身旁有這許許多多在靈性上覺醒的兄弟姐妹們，與你互信互愛，與你並肩而行。

（註2.1）章成禪師網路文章：〈家庭的傷，要這樣好，人生的悟，要這樣開〉。

（註2.2）章成禪師網路文章：〈踩住情緒的煞車〉。

（註2.3）章成禪師網路文章：〈家庭的傷，要這樣好；人生的悟，要這樣開〉。

# 三、Atma 憐憫——靈性知識

本書所稱「靈性、真我、真實的自己」，都是梵音 atma。雖然「回復真我」、「做真實的自己」可說是人生至高目標，但這條靈修之路卻很容易走偏。「靈性」就存在於「身與心」的運作之中，只講「靈性」卻否定「這個身體、情緒、念頭」者，會變成「高調空轉」——身處於這個物質世界，卻無法接地氣。

靈魂則是「靈性」加上「精微體」，是輪迴的主體。「精微體」由「智性、假我、心念」組成，其中也包含了會跟著你到下一世的「信念」，因而為你帶來下一世的境遇與實相。

阿周那在兩軍對峙的肅殺氣氛中說他不打了，並說出五個拒戰的理由：

一、對敵人心生「憐憫」。怎能去殺我敬愛的長輩？（1.28 & 2.4）

二、受恐懼、無力感、焦慮等「情緒」阻礙；（2.6）

三、就算打贏，我也會「失去幸福」；（1.32）

四、殺人者必有「惡報」；（1.36）

五、「家族毀滅」，會讓後代活在痛苦的地獄。（1.44）

本章講述第一個理由「憐憫敵人」，這也是《薄伽梵歌》提及的第三種情緒。一旦覺得對方好可憐，就可不顧職責嗎？顯然，這樣的行動欠缺考量。然而，憐憫之心，人皆有之，若不去瞭解清楚，將會成為一生都過不了的關卡。奎師那破除「憐憫」這種情緒的觀點是「靈性知識」——「真實的你不是這個身體」、「真實的你是靈性（atma）」。

## ⊙憐憫

阿周那一到兩軍之間見到伯公和老師等人時，他首先感到「kripa」，亦即「憐憫」或「同情」。我在《印度智慧書——認識薄伽梵歌的第一本書》中把此字解釋為「慈悲心」，然而，「憐憫」、「同情」、「慈悲」這些詞彙還是有差別的。本書在這裡偏向使用憐憫或同情，因為慈悲雖與憐憫、同情有相同的出發點，但「慈悲」中的「慈」是「有覺」的智慧與愛，而阿周那此時茫然無助，其智慧正待開啟。

親友之間起衝突時，若對方有一位從小就愛護你的長輩，通常你就會縮手退讓，自己吃點虧也沒關係。即使親人之間沒有愛，例如權威的父母親只關注會讀書的大姐，或專寵體弱或較笨的小兒子、欠一堆卡債的妹妹、只會情緒勒索的哥哥……而你，只能要求自己做好，卻改變不了身體血緣上與你最近的親人，甚至還要替他們收拾爛攤子。然而，父母體弱多病時，兄弟姐妹紛紛走避，你若不出面接下照護的全責，他們怎麼辦？在你照顧父母而心累，需要向人傾訴，想得到心理支持時，兄弟姐妹卻解讀為你不想照顧了而對你哭喊咒罵。若他欠卡債被告上法院，你還是會幫忙找律師，甚至幫他還債。若他脾氣暴躁，失業流落街頭，或跟你說他沒飯吃時，你還是會給他錢，想辦法安置他。家人朋友雖然對你不好，為何你還是會因為「憐憫」，覺得他很可憐就去幫他？出於憐憫之情去做的事是真的在幫助他，抑或只是滿足自己的情感需求？這樣會帶來雙贏嗎？

身為剎帝利的阿周那本該上戰場殺敵，更何況，是他的堂兄弟們想置般度族於死地，這才挑起了這場「俱盧之戰」。而今，臨陣前他卻被自己的憐憫之情擊倒，深陷於「過度為對方著想」的困境。他從對大伯公、老師的憐憫之情，擴及到親朋好友，甚至開始想像未來的子孫多可憐，必定要活在地獄中了……

不妨進一步模擬阿周那的處境，把千年前的戰場瞬移到二十一世紀的法庭——堂兄弟爭產。你身為家族繼承人之一，只是要爭取你應得的一份，但你的堂兄弟一塊錢都不想分給你，他們說你不是你爸爸親生的，是你媽媽外遇生的。你主張說無論有無DNA親子鑑定，你早已經透過正式程序在法律上登記為你父母的孩子，自然具備繼承資格。另一方面，你的堂兄弟都是經濟犯，也欠多家銀行巨額貸款，一旦名下有財產就會被追討，所以，目前家族財產大多仍登記在大伯公名下，雖說都是堂兄弟在揮霍啦。大伯公年近古稀，還被堂兄弟架著上法庭做「偽證」說：「我匯給他們的多筆款項，是要買下原先就屬於他們的不動產！」好讓銀行無法追討。那……你會在法庭上當面揭發大伯公做偽證嗎？欠債還錢，天經地義，堂兄弟的債務本就該還銀行，所以屬於他們的資產應當拿出來還債。可是，這樣一來，大伯公將會因做偽證被提起公訴，必須負起刑責。

你自小就受他的庇蔭，心中也同情老人家的無奈。若要揭發案情，站在法庭上的你是否也會「四肢無力、口乾舌燥、全身顫抖、毛髮直豎、皮膚滾燙，站也站不穩，思緒紛亂、內心因悲傷而焦慮不已」？明明是正確行動，為何悲傷焦慮？這就是身體血緣之力的牽絆以外，還有你個人的憐憫之情在障礙你。

不過，相較於持國、難敵固著於仇恨，阿周那表現出憐憫、同情，相對而言還是比較有愛的。同情是一種能力，願意從自身觀點「移動」到他人觀點，因而能夠暫時放掉主觀感受，轉而體會他人的感受。這也是所有生命體固有的天性——交流、連結。所以，相較於只用「二分法」觀點看世界，阿周那除了做出身體上的移動——把戰車停到兩軍之間，同時他的內心也願意移動到敵方親友的感受上。然而，這樣的移動、這樣的憐憫，卻讓他誤以為「善盡職責」只會傷害親友而已，所以，身為主將的他就在兩軍之間猶疑不決，很想放棄身為軍人的職責。

## ⊙ 真實語言對治虛妄

就「憐憫敵人」這一點來說，奎師那直言說阿周那錯了！祂面對失志喪氣的阿周那時所說的第一句話是：

阿周那，值此危急時刻，你怎會受這悲傷汙染？不懂生命價值的人，無法晉升天堂，只會帶

來恥辱。（2.2）

普瑞塔之子啊，不要怯懦，這不適合你。懲敵者啊，放下心中那卑微的無力感，站起來吧！（2.3）

奎師那並未如某些評論所說是去「安慰」阿周那，不，沒有安慰，阿周那也不是在討拍。現場是真槍實彈、一觸即發的戰場，沒有溫情喊話。相反地，奎師那說的是「真實語言」——「懂得生命價值的人怎會受悲傷這種情緒汙染？」或「你不該有這種妄想！」妄想或錯覺來自於虛假的假象，不是真實。你持續沉溺在妄想裡的話，只會帶來恥辱，人生無法向上走。

奎師那幫助阿周那走出妄想的第一步是呼喚他為「普瑞塔的兒子」。「普瑞塔」是「貢蒂」的另一個名字。所以，奎師那是要阿周那想起他的母親，及其所代表的族群。阿周那的母親「普瑞塔」是奎師那的父親瓦蘇戴瓦的妹妹，亦即奎師那的姑母，他們都屬於剎帝利階層。奎師那要他別忘了他母親那邊的族人。你我是有血緣關係的表兄弟，我與你一起對抗敵人。你不是一個人，這不是你一人之事，你背後還有全部族人與支持的親友，你怎能說走就走？你的母親普瑞塔曾崇拜天帝因陀羅而獲得他的血脈，也就是你！這就是你此生的格局，你本就擁有天神般非凡的力量。在面對戰場上敵方的親友時，那種憐憫既非道義責任，也不是真正的慈悲心，而是軟弱虛假的「念頭、情緒」（心念）所致。若真是基於智慧和慈悲所做的決定，你不會陷於虛妄而感到困惑和悲傷，乃至於無法行動。

憐憫是常見的情緒，但詩節指出在戰場的背景之下，這種情緒是虛妄的，大多數人卻很難接受這一點。憐憫心是很善良的情感，扶助弱小更是高貴的行動，不是嗎？是，但這當中還有很多細節。並非憐憫這種情緒不對，是你因為憐憫心升起而做了什麼！或不做什麼！

有真正瞭解「做，或不做」會影響到的層面嗎？因為憐憫地震災區難民而捐款，這是仗義疏財。然而，有些人憐憫對方就借錢給他；有些人就任他予取予求；還有些人因此就嫁（娶）他！人會有憐憫、同情、慈悲這些情緒沒錯，但若因此就借錢、嫁娶，這肯定是踏入誤區了。更何況，憐憫和所有情緒一樣，都是短暫、不恆定的。在動物頻道上看到老牛被獅群圍攻啃食，你覺得老牛好可憐，獅群很殘忍。但若你看到全貌，知道這群獅子已經三天三夜沒東西吃，跟蹤容易下手的老牛很久，好不容易才得到可以延續全家族性命的食物……獅子不也可憐？情緒屬於精微體，由物質能量演化而來，其本質就是變來變去。

阿周那說若要射殺長輩，那還不如靠乞討為生。乞討是一門專靠他人憐憫與施捨的行當。因憐憫他人而放下剎帝利的職責後，竟要靠他人的憐憫來討生活，可見阿周那完完全全失去了「智性」。在奎師那提出「靈性知識」來回應阿周那所說的「憐憫」這個理由之前，第二章的第一個詩節是全勝說話，他稱呼奎師那為「瑪度蘇丹那」——「殺死瑪度魔的人」，而更早阿周那也曾用這個名字呼喚奎師那（1.35）。「瑪度蘇丹那」這個梵音有什麼特殊含義呢？

## ⊙ 奎師那殺死瑪度魔

阿周那說：

殺死瑪度魔的人啊，即使他們要殺我，我也不想殺他們；即使能取得三界王權，我也不想殺他們，更何況只是為了這片土地。（1.35）

全勝說：

阿周那滿懷憐憫，眼中含淚，沮喪而絕望，殺死瑪度魔的人便向他說道。（2.1）

阿周那說：

殺死瑪度魔的人啊，在戰場上我面對的是毗濕摩與德羅納；滅敵者啊，我怎能用箭射殺我崇拜的人？（2.4）

阿周那因憐憫心的衝擊而流下男兒淚時，為何稱奎師那為「殺死瑪度魔的人」呢？這個稱呼的由來是，很久很久以前……這個宇宙誕生之時，從「孕誕之洋毗濕奴」的神性肚臍長出了一朵蓮花，「梵天」就誕生在金色蓮花之心。可是，從毗濕奴的耳垢也誕生了名為「瑪度」和「凱塔巴」的惡魔。他們勤於苦行，很得女神歡心，甚至獲賜自訂死期這樣的神通！

後來，他們隨心所欲之餘，竟無法無天起來，還從梵天手中奪走了《吠陀經》。梵天來到毗濕奴的蓮花足下求助，毗濕奴便化為馬頭人身的形象來到惡魔面前，謙恭地請求他們給予祝福。惡魔的心態傲慢，覺得眼前這小人物「卑微可憐」，就輕率誇口可以滿足祂一切願望。沒想到，毗濕奴的回答是：「我要你們的命。」故此，奎師那就有「殺死瑪度魔的人」之別稱。

「憐憫」這樣的情緒雖含有「同理心」的善良，但是否也很幽微地投射出自己內心的一點點傲慢與「欠缺平等心」呢？正如毗濕奴殺死傲慢自大的瑪度魔，奎師那能否取走造成阿周那無力感的一個原因——「憐憫」戰場上的敵方親友呢？

## ⊙ 數論哲學的宇宙創造論

我已經講完數論哲學的知識，現在請聽智慧瑜伽。普瑞塔的兒子啊，運用「覺」去行動，你將擺脫業力的束縛。（2.39）

奎師那在（2.39）說：「前面是用數論哲學講靈性知識……」這個「前面」即為詩節（2.11-2.30）。雖說名詞所指涉的範圍常有重疊之處，但是從第39節中可以看出，奎師那是把「數論哲學」與「智慧瑜伽」當作兩回事的。換言之，前面詩節（2.11-2.30）用「數論哲學」講「靈性知識」，而此後開始要講的是實務，是關於「智慧瑜伽」的修練。更重要的是，「數論」和「瑜伽」分屬印度「六派哲學」當中的兩個不同派別。若混雜兩者，僅以「數論瑜伽」作為《薄伽梵歌》第二章章名，似乎將這兩者混為一談。另一方面，若單以「數論的知識」作為第二章章名也會遺漏了較不顯眼，卻是重中之重的「智慧瑜伽」。

「數論哲學」是印度哲學的正統二元論學派，認為這世界的根本是來自於兩種獨立的能量——靈性能量（purusha，純粹意識、原人、精神）與物質能量（prakriti，原質、大自然力）。物質能量一開始並不活躍，也無顯化，直到「純粹意識」進入其中並加以攪動後才開始演化，最終生出二十三個部分——智性（覺 buddhi）、假我（ahamkara）、心念（manas）、五種感覺器官（眼、耳、鼻、舌、身）與五種工作器官（手、足、發聲器官、生殖器官、排泄器官）、五大精微能量（色、聲、香、味、觸）、五大粗鈍能量（地、水、火、風、空），最後才出現了擁有感官身體與心理認知的有情眾生。「純粹意識」會參與身心上的各種體驗與感知活動，祂見證著這世界，但既不參與也不受影響。祂是絕對的、獨立的、自由的，超越任何感官心念的經驗。（註3.1）

以上是「數論哲學」用微細分析的方法所解構的知識。「純粹意識」進入物質能量後衍生出的有情眾生與世間萬物，皆由物質能量的不同成分與比例構成，所以，萬事萬物的基本組成元素同出一處。

五大精微能量（色、聲、香、味、觸）與五大粗鈍能量（地、水、火、風、空）是眾生的「感官對象」，構成了物質世界這個遊樂場，提供生活於其中的我們去體驗與享受。然而，這個遊樂場是個幻象，說幻象是因為它存在的時間相對短暫。這世間一切事物的背後可說都是能量在運作，能量雖然不可見，卻一直存在著、影響著眾生。這是我們無法透過文字或邏輯推理得知，卻能感知得到的。

## ⊙ 我是身、心、靈

「我是誰？」此一提問可以有不同層次的答案。譬如說一個出生在台灣的美國人也會因為搞不清楚自己是哪一國人而自問「我是誰？」但那是基於身體上的種族認同，或心理上的文化認同而來的問題。他認同種族的話會覺得自己是美國人，認同文化的話就會覺得自己是台灣人。然而，你認同的對象若是物質，那就會變來變去，不恆定。所以，本書試圖超越身心表面，回到「靈性」，並嘗試回答：「一個人如何安頓自己的生命？」此一提問。

綜合上一節「宇宙創造論」所述，物質能量演化出其他二十三個元素。所以，「人」的身心靈，除了意識（靈性能量）以外，身體與心理（身體感官與精微體）均屬於物質能量。

一、身體感官，又稱為粗鈍體，包括五種工作器官、五種感覺器官等等。

二、精微體，包括「智性、假我、心念」。心念即情緒、念頭。

三、靈性。

本書會在第五章更進一步解構「身心」，並解釋為何身體與精微體是「表面的自己」。相對而言，「真實的自己」是「靈性」，雖然你「看不見」卻會「有感覺」，只要減少身心活動，平靜下來，便可感受到身心背後那片遼闊的「留白」，也是更為根本的真實。更重要的是，在認識靈性之後，對於人世間這些幾近無解的問題如恐懼、無力感、憐憫，你才能往前邁出一步。

「靈性」與「純粹意識」相通，不同於物質能量及其衍生物（身體、精微體）。人生問題的開端在於：不知有「靈性」的存在，很早就被「心念、假我」劫持。以為人只活一次，力圖享受物質能量之餘，卻把生活過得汲汲營營，浮沉於苦樂之間，或苦苦追尋後的結果卻是「遠離真我」。可是另一方面，卻也不該摒棄「身體、感官、心念、情緒、假我」，因為這些都是可善加運用的必備工具，可助你達成人生目標。

人生的目標在於養成各種正向循環，基本上保持身體、心理健康，覺察並清楚自己的各種情緒與想法，看到「假我」造作、「心念」被激發、被操控，看出這世間的種種物質能量並不值得我們如此全神貫注、全力以赴。真正珍貴卻從不求彰顯的是「在你之內」的「真心」——「靈性」，你要是相信祂的存在，祂便會顯現。從身體上、心理上的各種日常習慣即可看到物質能量一直在「輪迴」，種什麼因結什麼果，這在現實生活中早已不斷地示現著。若能看到「輪迴」，就會知道生活是運行在不斷重複的軌道之上的，久而久之，很難不煩悶，很難不想出軌一下。相信有「靈性」的存在，對這人生才會有真實的願望。

## ⊙ 要肯定靈性的存在

人類數千年來以「只認同身體」的原則去發展社會文明，但因為身體只是生命的一個面向，所以這樣去發展的結果必然失衡。若不知「靈性」，當他生在問題家庭時，就會以為親人的重要性無可取代。那麼，苦苦掙扎之後，他很可能把自己賠進去。即使必須與家人斷絕關係，他自己也會受到重創。若幸運地生長在有愛的家庭，那麼，一旦遇到生離死別，是否更為痛苦難當？就算時間能沖淡，是否對人生始終有悲意？即使幸福快樂，仍會哀歎快樂總是匆匆？有生必有死，我們該如何抹去總在幸福一旁窺伺的死亡陰影？所以，無論家庭有愛無愛，凡人都需要「靈性知識」。

阿周那面對家族無解的難題，看到在戰場上年邁的師長時大發憐憫之情，因身體血緣的拉扯，深陷於情緒漩渦而無法善盡職責。奎師那揭示「靈性知識」也是要人「多面向地」看待自己、別人，以及自己與家族的關係。以下詩節講述了靈性的各種特質，簡單講就是「真正的你不會死」。而另一方面，若你以為人就只有身體，不接受有靈性的存在，那麼身體終究會有一死，死亡本來就是每個有出生的人必將走到的終點。既然早就知道人生必死無疑，又何須特別去憐憫他人，甚至讓自己過度悲傷而產生無力感呢？

所以能肯定「靈性」的存在，才能突破身體、血緣的制約，不再陷入虛妄的情緒而迷惘。事實上，接受「靈性」的存在才能真正斷開煩惱，否則修行修善的結果仍會參雜遺憾與悲情。所謂「家族」、「血緣」，在只有身體概念的人眼中即為一切，甚至會認為子女是自己身體的延伸，是自己所擁有的財物，甚至可任意決定其婚姻與生死。過去的人特別講求香火延續、重男輕女也是類似的例子。

## ⊙靈性知識

奎師那說：

你一邊說著大道理，一邊卻為不值得悲傷之事而悲傷。智者不為亡者悲傷，也不為生者悲傷。（2.11）

我、你和這些君王從來沒有不存在，今後也不會不存在。（2.12）

正如靈魂（靈性及精微體）在身體裡，經歷童年、青年和老年，同樣地，靈魂會獲得另一個身體，智者不會因此而迷惑。（2.13）

貢蒂之子，感官對象引發我們冷熱、悲喜的感覺，那都是短暫且無常的。婆羅多的後裔，你要忍耐。（2.14）

最優秀的人啊，智者平等看待悲與喜，不因感官對象而受苦，他到達永恆。（2.15）

虛有的事物不存在，實有的事物沒有不存在，洞悉真理的人看出這兩者的界限。（2.16）

要知道，凡遍及各處者皆不可毀滅；凡屬不朽者，誰都不能毀滅。（2.17）

靈性永恆、不滅、不可計量，但身體肯定會毀滅，因此，婆羅多的後裔，作戰吧！（2.18）

認為祂會殺人，或認為祂會被殺害，這兩種看法都不對，祂既不殺人，也不會被殺害。（2.19）

祂沒有誕生，也沒有死亡，不是過去曾存在，今後就不存在。祂不經出生就存在、原始、永恆、常存，身體被殺害時，祂不會被殺害。（2.20）

普瑞塔之子，既知祂不經出生即存在，不滅、不變、永恆，這樣的人怎麼可能殺什麼？或教人殺什麼？（2.21）

正如褪去舊衣、換上新裝，靈魂捨棄舊身體，進入新身體。（2.22）

祂是刀切不斷、火燒不壞、水淋不濕、風吹不乾的。（2.23）

祂切不斷、燒不壞、淋不濕、吹不乾，祂永恆、穩定、不動、無所不在，永遠如此。（2.24）

祂不可見、不可思議、無可撼動；既知如此，你不應為祂悲傷。（2.25）

再者，即使你以為祂不斷經歷著出生與死亡，臂力強大的阿周那啊，你也不必悲傷。（2.26）

有生必有死，有死必有生，既然兩者皆無可避免，你不必悲傷。（2.27）

眾生起初不可見，中間時顯現，毀滅後仍不可見。這種情形有什麼好哀歎呢？（2.28）

初聞祂的存在，有人談，有人聽，眾人皆感驚奇。雖然有所聽聞，卻無人瞭解。（2.29）

婆羅多的後裔，居於眾生身體之內的靈魂永遠不毀滅，因此，你無須為眾生悲傷。(2.30)

上述詩節對「靈性」的描述即「數論哲學」所謂「靈魂不死」、「輪迴永生」的概念。在逐漸瞭解這些「靈性知識」的過程中，你不會寄情於過去而拒絕長大，你會深切瞭解到：受制於身體感官、心念假我的綑綁，如此生活只是在繼續製造愧疚、遺憾、重複迴圈。屆時，你也能看清楚，身心正被一些根深柢固的情緒、慣性推動著，這輩子的發展大概會到什麼程度，這些都以某種趨勢在某個範圍內運行著。雖說例外不是沒有，但除非你這一生能在「靈性覺醒」、「心的智慧」的發展上有「非線性」的跳躍，否則大概的人生局面是可預測的。

要超越恐懼的意識狀態，就要學習思考「共存雙贏」；要脫離因家庭問題而生的無力感，可以練習「內心出家」；要認識「真實的自己」，則要穿越憐憫之情。實際上，「共存雙贏」、「內心出家」、「回復真我」都需要「靈性知識」來運轉。

## ⊙所謂靈修

「靈性」不可見，所以靈修並不是直接去修「靈性」。若有一個「完美靈性」的目標，心念就會開始想像，「假我」就會去與它畫上等號。然而，「靈性」是你的「真我」，看似修行的目標，但練習時反倒要先去覺察「你的身心」，也就是你自己的身體感官衝動、情緒、念頭、假我。

章成禪師說：「『靈修』不是一種像中樂透般地得到什麼特殊、獨家的功法，而能去接觸到所謂的『靈』。靈修是從身邊小事看見不妥，願意這樣那樣調整、改變，讓自己做出不一樣的反應模式，是逐漸的蛻變才能走到經典所說的開悟、慈悲。」

所以，雖名為「靈修」，但「靈」卻不是你著手之處，否則會變成高調的空轉。你還是要從自己的身心修起，但凡身心「小事」都是大事，若有不妥都要去調整，才能逐漸改變「腦模式」的慣性反應。

也別拿靈性模範或準則直接複製、套用到條件不同的人身上。譬如有人說「靈修」就是要奉獻金錢、物品，或當志工、做服務，可是為何每個人要奉獻的內容幾乎一模一樣，或總與某人的私事或目的有關？其實，每個人在「靈性」上會有什麼樣的傾向都還有待自己去清楚、覺悟。若事先就在心裡種下某一特定範本或框架，然後硬要把自己套進去，姑且不論對錯，這樣一點都不自然、不由衷，反而離真心很遠。

牙牙學語的幼兒未經人事染著，是比較接近靈性的。他活靈活現，怡然自得，好像在說：「我喜歡這樣活著，我愛自己！」可是，逐漸長大的過程卻抹滅了這股生機；受過很多很大的苦之後，就丟失了本來面目——純然喜悅的自己。因為有社會標準、他人期待、同儕壓力……雖然痛苦地想成為自己，卻又很害怕那個自己，太不一樣也太不習慣了。靈修就是去清楚、消融這些累積的習性、創傷、恐懼。

## ⊙跟隨真心，擺脫頭腦慣性

以上所謂「靈性知識」，其實有可能還是「很頭腦」的認知。在實際生活中，要真實看見這些或具體或精微的運作，從頭到尾都有難度。所謂難度是指，知識有助於建立「瞭解」的架構，但是，放在生活裡去運作時往往就不是你以為的那一回事了。

例如，有人說「生活要用『心』，不要用『腦』。」這話是沒錯，但他其實是用二分法在理解「頭腦與心」。他以為「頭腦」就是有恐懼、損失感、負面情緒、覺得這世界資源有限、總害怕別人來搶走自己的配額。他以為「心」不同於「腦」的地方是，「心」知道宇宙無限，所以不怕別人來搶，反而會先去滿足別人的需求。這樣的知識好像說得通，但或許得花上好幾年時間才能確切領悟到：原來你以為的「跟隨心」，到頭來仍然是自己的頭腦在算計！怎麼會這樣？這就是靈修的雙面刃，「聰明的以為」與「實相」之間的虛虛實實。

若把「真心」對比於「頭腦」來看，真心比較偏向靈性，而頭腦比較偏向心念（情緒、念頭）、假我的運作。而所謂「傾聽內心的聲音」、「跟著心走」才能知道自己的「天命」，若不知「頭腦與心的差異」，那很可能只是跟著假象走。這世間本來就是虛幻的物質能量構成，而你的身體、精微體也是啊。所以，現實是——「外在」大多都是虛構的「騙局」，包括自己的「假我」也經常在騙自己，更別說身邊的每一個人都有一個會說故事的「假我」了。這是一個你需要去「瞭解」

的真相，然而，也無須因此就厭惡或恐懼外在世界。事實上，這一代的年輕人多生於優渥的環境，他們成長的過程就是要面對各種欺騙，並從中學習。

每一個人都有的「靈性」，就是他的本質，內心會有感動、初衷——這通常不是那種很大的激情，或由頭腦衍生而來的思慮、想像。你深愛的事往往不是激情或思慮下的產物。你的「靈性」中本來就藏有你比較喜歡做的事情與氛圍，而珍貴的「靈光」通常只在心海一閃，隨即消失在頭腦思慮的絢爛煙火中。那你能留意到那短暫的閃現，或早已奮不顧身地躍進五光十色裡？通常你的心念、情緒、頭腦都比較安靜時，你會悠悠然覺察到「有件事情」常伴你左右，那是什麼？它一直在生命的不同階段出現，凝視它，順著它走，保持那個溫暖就對了。然而，在那當中，你敵得了內心恐懼、社會期待、外來干預嗎？你能堅定於此一真心嗎？

好電影或小說也會傳遞啟發性、含金量皆高的訊息，值得一再觀賞而能更懂得其深意。電影《日日是好日》就輕輕描繪出「頭腦與心」的隱微差別。劇中女主角有一個表姐，她倆個性截然不同。個性溫和內向，偶爾鬧彆扭的主角，做事會猶豫；而表姐是漂亮的都會女性，很知道自己要什麼，從不遲疑去追夢。然而，最後兩人來到溪邊，表姐說要辭職了，想回鄉下相親結婚。直到這兒才顯示出，那位「很知道自己要什麼」的聰明表姐，在時間拉長後才顯露出她並不是那麼清楚自己，也比較頭腦導向。對比之下，主角一開始接觸茶道雖沒有熱情投入的積極表現，但在生命的動盪中，她始終回歸並托庇於茶道。

《日日是好日》有很多面向可以去探討，在此想表達的僅僅是：「心」與「腦」的區別往往無法用「知識」很快地一刀斷定。如同電影中的對話：事物可分為「立刻理解」與「無法立刻理解」兩大類。能立刻理解的，經歷一次就夠了；無法立刻理解的，就要花上很長時間，一點一滴慢慢去「累積瞭解」。「靈修」何嘗不是如此？這部電影也隱微示範著：「一個人如何靠近吸引他的事物」，若是真心，那裡面就能讓他領略到由衷的感動與豐盛。

有一次主角為了考試而向老師請假，但最後割捨不下還是去了。還好有去上課，因為是特殊場合，課室裡掛出的「達摩」畫像讓她有很溫暖的感受。主角也在經歷工作與愛情的波折後，慢慢體會出茶道裡更深的面向。直到有一天，她驚覺冬天倒熱水的聲音不同於夏天，也懂得分辨梅雨和秋雨的聲響。對四季氣候細微的觀察、感官的打開、心境的移轉，都在點滴變化著，且能深刻地寫進心底。這樣的「有心人」甚至沒意識到自己有多愛茶道，也沒想到要把它發展成一份事業。雖說她後來的確成了茶道老師，但這樣的修成正果是自然而然的生命開展。

## ◎ 回復真我

一般人完成學業後，人生頭兩件大事就是成家與立業。然而，少有人會先「清楚自己」，再去尋找「對的人」與「對的工作」，結果，終究會有心機用盡，仍不如意的喟歎。其實，生而為人最重要的任務是——回復真我。你愈清楚「你真實的自己」，才有能力在生活中辨識周遭人事物的真偽，以及與自己的適合程度。

「真我」即「靈性」、「真實的自己」，祂不在於遠方，就包藏於你的身心之中。因為真我被粗鈍的、精微的物質能量所覆蓋而不可見，所以，想追求的人也很容易掉落陷阱。有時，你看到外面有招牌旗幟寫著「愛」、「無私的愛」、「靈修」……就走進去，但那可能是一個鉤子、誘餌、路亞（人工魚餌）。你以為那是你要的，便一口咬住，但後來想放開卻很難了，而你的時光也就被蹉跎了。其實，你能夠做或別人能幫的部分，只是要看清楚你自己的「身體」、「精微體」（心念、假我）的運作，然後辨識哪些是人為造作，哪些是出自真心。

有「真實的自己」就意味著有「虛假的自己」。「靈性」永存，而「物質」是虛幻的。若只注重「物質」，所做的事情就只是滿足一時，就算是好工作或賺大錢也偏向短暫。然而，可別掉入二分法的陷阱，以為短暫的事物就全沒價值而忽略身心。事實上，凡事還是要從身心出發，沉澱平靜下來後，再讓身心引導你自然地去做事，而不是跟隨制式規定或他人期望。身體很單純，該吃飯時，只有吃飯；該睡覺時，只有睡覺。平和地從事生活中簡單小事，反而較能得到靈感。

「回復真我」也可從練習「獨處」開始——不只是身體上的獨處，更多的是拿掉角色扮演的面具。讓自己每天都有一小段時間，沒有去認同任何身分，甚至是性別。事實是「我是一個人」，我想找回自己原本的能量，體現我生命的本質。如果一直認為自己是老師、某人的太太，或是中年婦女，這種物質上的認同都會帶來身心上的負擔。即使去履行責任，之後也會覺得不值得、不甘心，久而久之就會陷入困境、迷失自我。雖然也常有說法鼓勵人暫時放下目前的身分或角色，或回娘家當女兒等等。然而，這些都是暫時的逃避，歸根究柢，人都要「回復真我」才能得到修復、成長和提升。其實，每天洗澡時專注地清潔身體，使用令你心動的香氛或精油，輕柔地按摩身體，有意識地去感受與「感謝」身體各部位，這就是一個好的開始了。

其次，可觀察並接受自己的「真實感覺」和「假我造作」的對比。譬如說，明明很倒彈，卻要刻意讚美；明明不舒服，卻硬要裝沒事；明明不懂，卻要表現得很懂；明明怕死了，卻要裝勇敢。要認清自己現下的感受是什麼？正面或負面？要承認，即使是黑暗，那也是真實的。若真心接納真實感覺，反而不會為了要壓抑負面感受而做出違背真我的事。你要能覺察自己生氣的點，也要能感受自己討厭哪一種人，喜歡哪些人，或一直在躲避什麼。這些內在的感受，和你形之於外的態度舉止，都是你可以去看見的「自己」，那你要去分辨哪些是真實，哪些是造作。你允許自己有虛假、不善、不完美的慣性部分，也全然接納自己所有的缺點及黑暗面，這樣你才能從這個真實的根本之處發生真實的變化。不是外在形式上，換套衣服似的改變，而是從你當下真實的立足點真正往上踏了一階。

若能掌握「真實感覺」了，接著就要學習「說真實的話」。說真實的話並不是橫衝直撞、口無遮攔，而是追求「身心一致」，平靜地「我口說我心」，而且不會有人因此受傷。這樣練習的好處之一是「辨識力」會大增，能分辨訊息的虛實。另外，你也會發現內在有一個任由「心念」

驅使的自己，也有一個任由「假我」刻意表現的自己。「心念」、「假我」是短暫的，或許有一時的爽快，卻無長遠的益處。若言行和「真實感覺」走向兩個極端，那距離拉得愈開，人會愈錯亂。或說，離真實愈遠，身心就愈失調。

譬如說，有人生性害羞，但他一直到三十歲才驚覺自己本質是害羞的，而過去為了掩飾害羞，他反而表現得特別大方外向。因為他成長期間，感受到父母、社會期待，曾勉強自己裝出樂觀又健談的模樣；大學時，因為虛榮心、成就感而去爭取當系學會代表；工作時，為了較高的獎金，不顧心慌慌的內在而去開發陌生客群。這些作為都是為了滿足他人期待、假我、錢財而去做的事。若不是從「真實感覺」出發，長遠來看，於己於人皆無益。自己盡量做到心存善念、言行一致、內外一致、身心一致，就比較能回復真我。相反地，若吃飯時要追劇，看電視要滑手機，該睡覺卻想東想西，這樣就是身體和心念不一致。如此，哪能有真實感覺？哪能說真實的話？

有人說：「人生啊，不用想太多，什麼『真我』、『假我』……只要把握當下就好。因為時候到了，你很自然就會走上那條屬於你的路。」這話說得既對也錯。不想汲汲營營，認為「船到橋頭自然直」也是一種樂觀的人生態度。可是，這當中有個重點不能遺漏——你有沒有在「修」或「做事」。也就是說，沒真的在修行、沒在做事的人若常講這句話，那只是在為自己的消極無為找藉口。很多事情是你去做了以後，能在實際的「做」裡面修正，最終才能找到停泊的港口，才會有「船到橋頭自然直」。因此，要有實際行動，那「船到橋頭自然直」才是樂觀的信念，才會讓你從「做中學」裡得到更進一步的指引。否則，無法提升你的口頭禪反而會帶著你實際地向下沉淪了。常說「一切都是最好的安排」的人反而是「被安排的」，即為另一例。

## ⊙ 智慧的開端

在以上關於「靈性知識」的段落（2.11-2.30）裡，夾有兩個關於「智者」的詩節，與本書第六章講的「智慧瑜伽」（2.39-2.45）相互輝映，在此略加介紹。

你一邊說著大道理，一邊卻為不值得悲傷之事而悲傷。智者不為亡者悲傷，也不為生者悲傷。（2.11）

正如靈魂在身體裡，經歷童年、青年和老年，同樣地，靈魂會獲得另一個身體，智者不會因此而迷惑。（2.13）

這兩個詩節的中文都有「智者」一詞，但所用的梵語不同，即（2.11 pandita）與（2.13 dhira）。「不為亡者悲傷，也不為生者悲傷」是「智者」（pandita）。能看見身體不斷經歷人生各階段變化，但靈魂卻是不變的，最後還會進入另一個身體繼續下去，這樣的智者是「智慧堅定的人」（dhira）。簡言之，智者表現出來的兩個面向是：「不因生死而悲傷」與「不因身體的變化而迷惑」。

家人朋友過世時自然會感到悲傷。若聽聞有惡火導致多人死傷事件，即使是陌生人遭逢橫禍，大家多半也都會難過，甚至會悲憤莫名，會站出來呼籲政府機關幫助受害者，改善公共安全。然而，你是否注意到智者通常不輕易落入悲傷情緒？這當然與個人的年紀、歷練有關。反過來說，切莫因為詩節這樣講，就以為「忍住悲傷」或「假裝自己沒情緒」是有智慧的表現。本書第五章講述「悲喜平衡」時會更深入解釋這一點。簡言之，智者不因生死而悲傷，原因並非他沒情緒，而是他懂得「悲喜平衡」。

任何身體無時無刻都在變化之中，身體細胞每七年就會全部更新一遍。一般人能看出某位青年就是他以前抱過的某個小孩，這就不容易了。若能把人一生所呈現的形貌按照時序排列一處，想必是很震撼人心的。去除時間的概念，強褓中的嬰兒與垂死的老者正是同一人！這會讓人很迷惑。那麼，智者不會迷惑的原因為何？那是因為智者能看見「靈魂」，亦即「靈性及精微體」這個相對於「身體」而言較為恆定的層面。智者不會只看到一個人的身體形貌，不會只看到他是嬰兒或老者，他看見了情緒、想法、習性、信念、假我、智性與「靈性」。

## ⊙別人的存在很重要

一早醒來，喝杯溫開水，你使用的觸控式開飲機，自動濾淨，即熱即飲，這是很多的「別人」發明製造來的。鋪好瑜伽墊走一趟拜日式，你演練的招式在幾分鐘內便可伸展到全身肌肉，鍛鍊核心肌群，這是很多的「別人」傳承教導而來的。沒付錢就沒餐點，但是一份百元便當並不只是用錢換取食物而已，因為背後有很多的「別人」在採購、分類、洗淨、烹調、盛盤、分裝、銷售，進行各種分工，你才能隨手購買。捷運並不是有二十元就可以搭乘的，因為那裡面牽涉到的興建、科技、營運等方方面面都需要很多「別人」的付出與努力才能成真。我們享受各種設施時，卻往往忘記或根本看不到，一個社會能運作的根本之道是「互助合作」，亦即「別人的存在對我很重要」！

疫情後有種種不便，為何有人常常大暴走，有人卻能平靜過日子呢？

疫情下的生活是一面鏡子，可映照出自己的真實模樣，以及如何「修心」。人其實很容易愈活愈自我，非得用情緒把「不方便」帶給他的不順心反應出來，也會以為只要有錢就不用靠別人。他沒感染病毒、沒確診、沒減少收入，這些全都是他自己一人的功勞。然而，如此自我就很容易在稍有不順時動怒發飆，引來惡果了。

另一方面，也有人主動學習，把疫情當作「功課」來做。這個功課就是「看見別人的存在很重要」，並因此對所有的別人心存「敬」意。能看見別人有在付出，就會感謝：是他們的努力保障了我的生命財產，並覺得幸福。這樣去修正心念，你就不會陷在一己不順心的情緒裡面，反而能更加珍惜與感謝以前自己視之為理所當然的東西。譬如說，疫情中很多超商、加油站的洗手間都不開放了，或者很不容易才能找到一間。即使如此，也別輕易就去討厭別人，可以這樣想：「原來以前這些小小的服務對我來說是這麼地重要。」這樣，自然就心生感謝了。

「生於這個時代」這件事也很值得感謝。古時候的瘟疫是會讓全村全城死絕的！但現代不會這樣，粗估全球近八十億人口當中，這波疫情染疫人數不到七億，死亡不到七百萬。這都要感謝從古到今很多很多的「別人」研究、保存、累積下來的知識、能力、技術、醫學發明與療法，即使遇到強悍的變種病毒，我們還能維持安全幸福的生活。

疫情也讓人感受到「健康」不只是錢買不到，而且是要靠大家都願意付出，都為彼此著想，不厭其煩地戴上口罩才可能維持的。因為看見「別人的存在很重要」，也對群體有敬意，你的自我便能縮小，而有「由衷的謙卑與感謝」。願意去做「對」的事來維護整個群體的存在，這也才能維護自己。有由衷感謝，便可接受疫情帶來的改變，可以開心地去做相同的事而不覺得辛苦。「看不到感謝」則起因於沒能看見別人存在的重要，這樣內心就會焦慮緊綳，遇事容易慌張恐懼。

所謂「別人的存在」，包含著他的身心靈三層面。靈性與精微體「不可見」，卻是實有。常說「眼見為憑」的人通常只看身體表面，也就無法瞭解更高層面的真實。然而，物質能量顯化出來的身體、情緒、念頭、假我即根源於靈性能量的物質化。透過身體的言行舉止，便可感受到靈性與精微體的狀態。因此，不妨這樣看待身邊的人——每個人因為各自的因果或靈魂設定，以不同的身體、心理狀態出現在我周圍，雖從事著不同的工作，但都在「服務」著我呢。

真正看見別人的存在，與他好好對話，就不會錯過「靈性合一」的感受，亦即無所不在的愛！

譬如說，去百貨公司小吃街吃飯時，你選定了某個攤位。點餐時，你看到的只有菜單和錢包嗎？其實，更重要的是要「看見你面前那位服務員」！能否從「表面」中看到「真實」？這也是一個喚醒你「靈性」的關鍵。點餐時你可以看著他，對他說話。這樣去交流時，你會發現自己有能力去感受到他站著工作時的心情，也能感受到他體內的生命力。或許有些人會說：「還不是因為有錢拿！」的確，這是很重要的原因，卻不是唯一的原因。

若帶小孩外出用餐，但他就是坐不住，非得跑來跑去不可。若父母訓斥小孩時，本身就存有恐懼或生氣的情緒，那麼小孩是感受得到那份情緒的。這樣子，他就無法真正學習，反而也會被情緒拉走，變成只想吵、只想逃。所以，若想要教小孩道理，也是要先「開啟他的覺」，再分析給他聽，這樣他才會真懂。所謂「開啟他的覺」就是，孩子儘管年紀小，只要他稍微聽得懂話，就要讓他「注意到有別人的存在」。在餐廳就座前後，可以帶他先去繞一圈看看周圍，並問他：「這裡的客人多不多啊？」、「有沒有別的小朋友啊？」透過這樣子去看見別人及其重要性，除了能生出「由衷感謝」之情以外，很多不必要的情緒、念頭、假我等障礙都會逐漸消融，心量也會更寬廣，眼裡不再只有自我。

若能看到別人的存在對你很重要，便能「合一」，那就是愛。這就好像，為什麼現在會有這些訊息？這些來照顧你，來愛你的……並不是你這一世家庭的人事物而已啊，這就在證明一件事——「愛一直都在」。若你能抓住你覺得幸福的那一刻，稍作停留，便能逐步領悟到，有那麼多看似陌生的人都在照顧著你。你來到此時此地所遇到的人事物，也都是為了愛你而來。我們對彼此很重要，也都能成就彼此。任何一個人都是另一個我。若能看見「別人的存在對我很重要」這件事，那麼你來到地球就會是一趟幸福的旅程。

即使你看到的是活得比較辛苦的人，總是臭著臉發脾氣，若你能記得有更多的別人一直在愛護你，是否內心就能對他有一種「等待」，能允許他暫時的負面狀態？你不會總是企求完美，或期待滿天都要煙火燦爛，因為你可以看見在身體裡面那個「真實的他」，就不會因為「表面的他」沒服務你就惱怒。你會想說：「沒關係的，我看見真實的你了，也能同理表面的你。我可以就這樣陪伴你，微笑等待你，直到你也看見自己。」在生活中透過這樣的練習，你將在無形中發現，在面對他人時，你可逐漸除卻悲情，轉而有「慈」。

## ⊙ 一體與合一

根據印度數論哲學的宇宙創造論，萬物皆由最基礎的二十四種物質演化而來，因此有著相同的本源。也因此，不僅是人類，所有的身體可說都是「同根生」。人與人、人與物品、人與動植物、人與大自然、物與物之間皆為息息相關。然而，「萬物一體」似乎太遙遠了，畢竟，平常大家都運行在自己生活圈的軌道上，更多的別人對你而言並不一定具有意義，更遑論萬物？

普立茲小說獎二〇一九年得獎作品《樹冠上》（*The Overstory*）描述天賦異稟的派翠西亞・

威斯特弗德博士，她發表了關於「樹木彼此交談」的論文後，便遭受學術界主流的敵意、攻擊與排擠。然而，樹木之間的確一直都在交流、互通有無、彼此傳訊，這種肉眼不可見的網絡遍布空間。實際上，兩棵道格拉斯冷杉就會利用其側根在地底下相逢、交會、融合，他們的維生系統合而為一，一體共存，「不計其數、綿延千里的地下菌絲連結成一個巨大的網路」，讓冷杉可餵養彼此、療癒對方。更驚人的是：「你和你家後院的樹來自同一個祖先。十五億年前，你倆分道揚鑣。但即使是今日、即使你倆各自走過無盡漫長的歲月，那棵樹和你依然共享你四分之一的基因。」無疑地，此書能讓人擴展覺知，能更有意識地看待以往視之如無物的「萬物」。

走進大自然，其實也是走入內心、走近真實，更是走向更多「地球家人」的懷抱。事實是，人類與樹木的確有相似之處——我們的「血紅素和葉綠素的分子結構幾乎完全相同」（註3.2）。所以，地球是個大家庭，我們彼此之間，我們與大自然之間是「家人」的關係。其他眾生雖不使用人類語言，卻也擁有與人體邏輯類似的身、心組成結構。人都愛惜自己的身體，若能看見「萬物一體」，自然也會有如愛惜自己的身體般，愛惜大自然裡一切生命的身體。若是如此，那怎會去傷害他，甚至去殺害他？尊重生命價值的人，凡事會盡可能尋求非暴力的方法解決衝突。對人如此，對樹木自然亦復如此。

不過，阿周那面臨的困境是兩國交戰，必得與大伯公決一死戰了。事已至此，早就無力回天。奎師那在臨敵的關鍵時刻，教導阿周那「靈性不死」，自有其特殊情境與用意。唯有如此，阿周那才不會先敗給自己的憐憫之情，才能激發出求生本能，為自己的性命而戰；才會善盡職責，為全國族的命脈拚搏。然而，後代有人遽下結論說反正靈性不死，所以「殺人者無罪」，或說「為國家、為宗教殺人是替天行道」，這便是斷章取義，誤解經典反而要惹禍上身了。畢竟，如阿周那者幾希？

今時今日，我們讀《薄伽梵歌》第二章前半部的「靈性知識」，理應體認的是「真實的自己」與眾生確實不可分割。因有「靈性能量」攪動，物質能量才得以演化為各個物質元素，進而產生諸多身體形貌。每一個「身體」都在經歷生與死之過程，而所有身體中的「靈性」均來自於同一個比物質能量更為遠大恢宏的「純粹意識」。

如果你曾有過一趟愉快的旅行，讓你很感謝導遊、司機、售貨員、接待員、櫃檯員、服務員，甚至友善的路人們。他們的存在讓你從心底升起甜甜的幸福感，他們給你溫馨笑容、迎接你、幫助你、為你算錢退稅等，全都是促成你開心旅遊的助力。請想一想，這真的很奇特，為什麼會在那短短一刻的交會，感受到「愛」的交流?!其實，那是因為這些人在你的過去世都曾經與你有過善緣，這一生雖然距離較遠了，可能只服務你這一次，但一交會時，你們立刻感受到彼此都是用純粹的善意相待。這類經驗就是在告訴你「靈性合一」這個實相，這些人就是存在於「靈性合一」的愛，他們為了你的那一刻而存在，這些愛著你的人事物一直都在。

因為學習「靈性知識」，所以能從獨裁恐懼，走向提升意識、共存雙贏；從無力感，走向內心出家；從憐憫走向回復真我。這是真正體認到「人人都是能量演化而來」、「能量無可避免都會交流」、「別人的存在對我很重要」、「我自己對所有人也很重要」，這便是「合一意識」的開啟。

「合一」並非只是用高遠卻空洞的詞彙去描述那個意境，而是你能在生活中具體操作，且會有深刻的體會。章成禪師教導的「太極式思考」便是在講如何從「每日說話」開始修起，練習「發自內心，圓融地說話」。真正做到了「圓融」，便能實際體會到「合一」（註3.3）。讀者可以在網路搜尋這篇文章，以取得完整的操作脈絡與教導。在此簡單介紹的話，這個方法始於每次說話前都能先思考：「說完話以後，我是想要多一個朋友，還是多一個敵人呢？」

你說出口的每一句話，都會在別人心中塑造出對你的印象，而這些別人對你的種種感覺，綜合、加總起來就會影響你的運勢。由此可知，說出對的話就能累積你長遠的福報。這樣的「圓融」是能同時瞭解你自己與你的對立面，在彼此的差異對照之下，拿掉你內心的主觀，自然修正你的思想、說話及行動，讓你的智慧當下變得具體、圓滿。這樣去練習趨向「圓融」愈多，「假我」就會愈少，接著你就能更全面地瞭解更多人。這種「圓融」就是「五次元的愛」，會讓你提升到更高層次的「合一意識」，回復「純粹意識」的宇宙大愛，這也是那條「回家」的靈性道路。到了某階段，你甚至能接收到「未來的你」想給你的提點，這些都是你可以實際印證到的。這時，你人生的開悟已走到了向上的拋物線，進入了更大的合一，你的意識也就進入五次元的狀態了。

（註3.1）Osto, Douglas（January 2018）, "No-Self in Sāṃkhya: A Comparative Look at Classical Sāṃkhya and Theravāda Buddhism", Philosophy East and West.

（註3.2）理察・鮑爾斯著，施清真譯（2021），《樹冠上》，時報出版，p171,181-183。

（註3.3）章成禪師網路文章：〈如何發自內心，圓融地說話？〉。

# 四、Dharma

## 善盡職責——奉獻

## ⊙ 正法

正法（dharma）是《薄伽梵歌》開宗明義第一字，也是該書反覆出現的概念。在其他印度史詩、吠陀經典、奧義諸書、哲學、宗教的各大派別中均有論述。因此，「正法」是古印度人一直強調的概念，不斷出現的字詞，一定很重要。

時空背景不同，人的價值觀也會不同，「正法」一詞的含義的確隨時空而有變異。然而，即使是在同一個時空背景下，出現在不同語境時，它也有不同的解釋。若把字典裡關於「正法」的解釋稍加統整，其實可分為三個層面來理解：

一、宇宙生命的層面：正法是宇宙生命運轉的秩序、原則等。

二、國家社會的層面：正法是法律、法規、命令、慣例、宗教、儀式、習俗、道德倫理、公平正義等。

三、個人的層面：正法是身而為人的權利、義務、職責、行動、功德、社會階層、人生階段等。

總的來說，「正法」即為可增益個人，以及自身與他人、社會、大自然、宇宙之間的關係的一種行為指引。

「正法」也是印度宗教與哲學中的四個人生目標（法、利、欲、解脫）的首位。簡言之，按照正法生活的人可更快得到解脫；而「不如法」（adharma）的人則會活出不和諧、不道德、錯誤百出的人生。更簡單的解釋則是，「正法」即為「正確的生活方式」或「正確的道路」。（註4.1）

若把正法的「正」解釋為「正確」，認為這世上有一個共同的「正確標準」，那其實很容易淪為持國或普丁那樣的心態，認定只有自己的想法才是「正法」，亦即「我都對，別人都錯」的「二分法」心態。事實上，每個人都說「自己修行的法」才是正法。

我曾看過這樣一句話：「想要修練成佛，必須百分之百按照釋迦牟尼佛教導的方法修行，不要自以為聰明，認為自己的方法比較快，摻雜各派邪說只會走火入魔……」這句話說得既對也錯。若說者與聽者都認同「某一套方法」就是「釋迦牟尼佛教導的方法」，那他們二人就能共鳴。然而，說者既然已經認定釋迦牟尼佛教導的方法是「某一套方法」，那就只有一個版本，一種標準嗎？佛教的經典、教派那麼多，哪一個才是「正確的方法」？你的正確和我的正確會一樣嗎？此外，「必須百分百按照……」當中是否有一種勉強？人都有盲點，卻都「自以為聰明」，認為自己的方法比較快、比較好，這一點實屬難免。可是，與你不同的想法就是「邪說」嗎？各行各業的大眾，包括心靈圈的朋友常被形容是在「逛百貨公司」，這邊看看，那邊買買，到處比價，這樣摻雜各派，迷失自己而走火入魔的不是沒可能。但凡事都要做到「百分之百」正是一種極端，也會走火入魔的。換言之，自以為「百分之百」、「按照釋迦牟尼佛教導的方法修行」，卻有可能變成走極端而走火入魔。

## ⊙善盡職責化解情緒

阿周那心生極大的憐憫，又感到絕望，他說：奎師那，我看到親族逐漸逼近，滿布殺機。(1.28)

我四肢沉重、口乾舌燥、身體顫抖、毛髮直豎。(1.29)

我的弓自手中滑落、我渾身灼熱、無法站立、心念紛馳，(1.30)

阿周那說完這些話，便放下弓與箭，坐了下來，內心因悲傷而痛苦。(1.47)

我的心為焦慮膽怯所困，對正法也感到迷惑。現在我皈依您，做您的學生。請明確地告訴我怎麼做最好。(2.7)

阿周那內心有很複雜的情緒，例如恐懼、悲傷、憐憫、絕望。他的身體也出現許多徵兆，顯示出他的徬徨無措。這些狀況讓他對「戰士的正法」有所遲疑，不知該怎麼做。

奎師那說：

阿周那，值此危急時刻，你怎會受這悲傷汙染？不懂生命價值的人，無法晉升天堂，只會帶

來恥辱。（2.2）

普瑞塔之子啊，不要怯懦，這不適合你。懲敵者啊，放下心中那卑微的無力感，站起來吧！（2.3）

情緒太多會汙染內心，導致更多的怯懦、遲疑、無力感、不行動。然而，情緒都是一時的，沒有真實的根基。《薄伽梵歌》揭示的五項真理——神、時間、物質能量、靈性、行動；其中，只有行動（業）可以改變命運！然而，若是基於情緒才去行動或不行動，往往是錯誤的。人很難避免一時的情緒波動，但如果被情緒困住或驅使，又該如何？

奎師那並非用軟語安慰有情緒之人，反而是要求他振作起來去「善盡職責」。祂說的是：「你不想行動，還是要去行動。」做了之後，這些情緒反而煙消雲散。祂這個回應的確展現出智慧，祂沒有要阿周那直接改變情緒，沒叫阿周那別害怕、要勇敢，別悲傷、要積極。沒有！祂只是叫他起來做事，做他該做的事。臨敵之際，還有什麼比上前殺敵更正確的行動？

人生難免遭逢無常，若那個打擊有如晴天霹靂，的確很難立刻收拾好心情去工作。即使去到了工作現場，內心仍不停交戰而無法全心工作這種狀況也是有的。有情緒的話，的確需要流動出來，然而，完全被情緒壓制，鎮日以淚洗面，難過到看不見未來或希望時，真的反而要回歸正常活動或工作。用合宜的作息或工作節奏帶動你「向前走」。只要往前走，就有更多的機會，就有未來，千萬別因為任何事就覺得天塌了、毀了、完蛋了，其實並沒有。會壓垮你的只有你自己的情緒和解讀方式。就算沒事業、沒工作、沒錢，那都不打緊，只要持續合宜的作息，先把自己照顧好，人生依然有機會可運轉得風生水起。

現代醫療雖然有身心專科協助解決情緒問題，然而，關鍵仍在於「自己」是否有「向前走」的意願與實際行動，旁人的力量有限。想想是否有這種可能性——愈去關注情緒，反而愈被困住？所以，奎師那說去「善盡職責」，或章成禪師教導的「移動」，這些具體可行的方法的確值得嘗試，可讓人透過身心的移轉而自然跨越情緒。

## ⊙ 善盡職責就有幸福快樂

阿周那拒戰的第二個理由是：「就算打贏了，我也不會快樂。」原因是，得勝之後必然失去可以共享富貴的親朋好友，這怎會快樂？

> 我看到不祥之兆，殺死凱西魔的人啊，在戰場上殺死親朋，我不明白有何益處。（1.31）
>
> 奎師那，我不要勝利，也不要王位和幸福。滿足感官的人啊，王權於我有何用？享樂或活著又有何用？（1.32）
>
> 我們為了這些人才去追求王權、快樂與幸福，他們卻要捨棄性命與財產，參與此戰。（1.33）

老師們、父輩們、兒子們，還有祖父們，舅舅們、岳父們、孫子們、堂表兄弟，以及眾親族就在我面前。（1.34）

殺死瑪度魔的人啊，即使他們要殺我，我也不想殺他們；即使能取得三界王權，我也不想殺他們，更何況只是為了這片土地。（1.35）

阿周那這段話說得有情有義，他認為就算能取得天堂般的物質利益，也不該殺害親友。如果不必殺他們，那他什麼都可以不要。實際上，是真的什麼都可以不要嗎？

若回到原文脈絡，從他要求奎師那把戰車駕到兩軍之間開始，一見親族進逼，滿布殺機，他先感受到的是憐憫、絕望的情緒，接著描述他自己的身體出現多重徵兆，心念紛馳（1.28-1.30）。易言之，這些都是從身體感官、心念而來的反應，接著才利用「智性」去找出這些理由（1.31-1.35）。這就是：在面臨人生很混亂的一種時刻，人就會迷惑，因為自己講出來的理由和道理聽起來都很對！然而，這種「很對」是從頭腦來的。說穿了，是恐懼等等情緒先來了，接著才去想出這些棄戰的理由的。

你要考慮到自己的正法，不應猶豫動搖。對剎帝利武士而言，再無任何事勝過出於職責而戰。（2.31）

普瑞塔之子，幸運的武士才能有這樣的作戰機會，這有如天堂大門意外地打開了。（2.32）
如果你不參與這場正法之戰，放棄自己的正法和榮譽，這反而有惡報。（2.33）
人們會不斷地談論你的醜事。對一個出身尊貴、地位崇高的人而言，不名譽比死去更糟糕。（2.34）
曾經尊敬你的偉大戰士都會看不起你，他們會認為你是出於恐懼才退出戰場。（2.35）
敵人會說出許多不堪入耳的話，嘲諷你的能力。還有什麼比這個更令人痛心？（2.36）
如果戰死沙場，你將榮登天堂，要是贏得勝利，就能享有土地。貢蒂之子，站起來，奮力一戰吧！（2.37）

奎師那在回應義正嚴辭的阿周那時，祂說的是：「你要考慮你的正法」，此處的正法意指「職責」。「職責」是依據一個人的「社會階層」、「人生階段」而來的分內之事。「社會階層」是指印度的「種姓制度」，依據人的「屬性和行動」，將社會分為「婆羅門、剎帝利、吠舍、首陀羅」四大階層。「人生階段」則將男性的一生分為「貞守生、居士、雲遊者、托缽僧」四個階段。雖然現代已不同於遠古，各地風土人情也有差異，但是，在思考自己的職責時，你（或你父母）的「職業」，加上你現在的「人生階段」仍能指出你的基本職責範圍所在。

以阿周那的例子來說，他的「社會階層」是剎帝利，「人生階段」是居士，他的分內之事是管理國家、保衛人民、為家庭付出。因此，奎師那鼓勵阿周那要善盡剎帝利的職責，然後享受幸福快樂。而且，以「善盡職責」為優先的話，那你的焦點就不會只放在一己的情緒念頭之上，你要考慮的是妻兒子女、國家利益。做事的過程中，若有恐懼、無力感、擔憂、糾結、遲疑等情緒和念頭，你就會知道這些來自「精微體」的波動都是短暫的，卻都在阻礙你善盡職責，並帶來相反的結果。

古印度有一種價值觀，認為打勝仗則享受榮華富貴，為國捐軀者則上天堂，甚至能「功德成神」。奎師那提醒阿周那他身為「剎帝利」與「居士」的職責。面對職責，無論如何都不該臨陣脫逃。去迎戰，你的成果必然是「統治世界」或「榮登天堂」兩者之一，都能享受幸福快樂。顯然，奎師那並不反對求取物質回報。

「幸福快樂」可解釋為「可喜可賀之事」，也是「積善之家必有餘慶」的「慶」。一個行善的家庭，其功德足以庇蔭子孫。然而，這樣的積善之家並不是指有遇到、有想到才去捐款或捐贈物資，而是更為根本的「善盡職責」。扮演父親、母親、兒女角色的人都有各自的社會職責與家庭職責。若遇到衝突時能「為彼此著想」——不是只顧自己，而是會考慮家人的感受——如此去拿捏輕重、思考雙贏，那麼，他們的日常行動就已經在行善了，便可自然地生活在良性循環裡。這樣去善盡職責的話，工作本身就能帶給你充實感、幸福感，而且能與周遭人事物和諧融洽。這種幸福感由內在自然生出，不是因為外在刺激而來的感官衝動或妄想。

## 善盡職責免除惡報

眾生的維繫者啊，殺死持國諸子能有什麼享樂？殺了這些侵略者，我們也會招來惡報。（1.36）

因此，我們無權殺死持國諸子與自己的親族。幸運女神的丈夫啊，殺死親屬，我們怎能得到幸福？（1.37）

儘管貪欲征服他們的心，令他們看不見毀滅家族的罪，傷害朋友的惡，（1.38）

眾生的維繫者啊，我們既然明白此等罪惡，為何還不避免呢？（1.39）

惡有惡報，更何況要殺的對象是至親。阿周那覺得若殺死親友，自己不可能快樂，而且會有惡報，身為戰士的他因而喪膽，不敢去作戰。

自古以來都說殺人償命。但是，士兵在交戰時殺敵無數；警察在執勤時意外傷害匪徒，也可能不會受到懲罰。事實上，他還可能因為善盡職責，而榮獲勳章並接受表揚。原因是，他們是為了保家衛國，是為了救援他人性命。他的職責所在就是要挺身而出，制衡社會上的惡勢力。

更何況，阿周那要殺伯公這件事並非是他一念之間的衝動行事，而是在《摩訶婆羅多》（毗濕摩篇）中反覆出現的懸念，是般度五子，尤其是阿周那對家庭關係與職責的反覆省思。

奎師那說：

這種努力不會白費，也不會消失，在正法這條路上只要前進一點點，也能保護你免於極大的危險。（2.40）

這種努力意指「善盡職責」。「免於極大的危險」一般都解釋為「來世仍能有人身」，不會降為低於人類的生命形式，如動物、鳥類、魚類、昆蟲等等。這些低等生物不像人類可以修練智性，他們終其一生只是不斷地「吃、睡、防衛、交配」。許多《薄伽梵歌》的評註說「如果把吃當作是人生的主要樂趣，那麼來世會得到豬的身體。」然而，這樣的說法背後的邏輯太過簡化，也忽略了很多講究飲食的人其實是活在更細緻的意識層次上。一位美食家若在他的生活中都能去看清楚自己哪裡卡關，而且也能約束感官心念，勇敢面對困境，用愛與智慧在解決問題，這樣的人來世怎會變成豬？一個人無論從事什麼行動，關鍵點在於他的「覺」、「智性」有無開啟——不學習智慧的人才要擔心來世投生的問題。

只要「善盡職責」，即使今生的功課做得還是不夠完善，但是，神佛會看到你的努力，會再次賜予你投生為人的機會，讓你從前世停止的地方繼續學習。是因為「善盡職責」，才能避免這極大的危險。今生積累的物質財富，在死亡那一刻便煙消雲散，但你為了「善盡職責」所做的努力不會白費。而且，善盡職責所帶來的豐盛、富貴格局，會隨著你到下一世，讓你從這樣的人生格局繼續做靈魂功課。

如果你不參與這場正法之戰，放棄自己的正法和榮譽，這反而有惡報。（2.33）

若臨陣逃脫，放棄職責，這反而是有罪的。就像醫生不救治情況危急的病人；船長在海難時拋棄乘客獨自逃生，這些都會被究責的。那身為戰士卻不作戰，姑且不說誰來追究，天下人會如何看待你呢？阿周那出身王族，且為天帝因陀羅的血脈，如此尊貴的身分卻反要遭人貶低了。曾經敬重你是英雄好漢的人會認定你是出於恐懼才逃走的，從此就要瞧不起你了。到那時候，你受得了嗎？

商場如戰場。韓劇《未生》第十集，行事乖張的「朴科長」不甘心只領上班族薪水，早已從收受小額賄賂變成跨國的商業詐欺犯了。「吳科長」決定一查，便派「金代理」和「張格萊」先去合作的公司進行初步瞭解。半路上張格萊害怕起來，憂心問道：「公司要查了，問題變大了，怎麼辦？」他很怕違逆朴科長，也怕揭露他的祕密後會害他被公司炒魷魚。

金代理說了一段話很符合《薄伽梵歌》這段詩節的精神。他是這樣說的：「張格萊，你聽好。我們現在是要去弄清楚事實，釐清雙方關係，看這個合約是不是按照規定簽訂的。雖然我們覺得這個契約不太合理，但是，也許負責的業務人員覺得還好，是可以忽略的。重要的是有沒有按照規定好好去做。

「要查他是否公正地選擇了合作夥伴，還是為了提高個人業績而帶給公司損害？有沒有中飽私囊？然而，去判斷並裁決的人並不是我們，公司有專責的監察人員會來做。所以，我們現在不是要去搞砸誰的人生。我們能做的僅僅是這個過程的一部分而已。結果並不在我們手中。

「追查錯誤的時候需要注意一個原則：不能討厭人。那樣會掩蓋錯誤。想看到錯誤的話，就要把對人的好惡拿掉，這樣才能追查到真實的答案。」

執行職責有時會遇到令人膽怯之事，或擔心自己被討厭，或惹人來報復。做與不做之間的拿捏，其實沒有絕對的標準。最重要的原則是善盡職責時，「不能討厭人」或說要「保持對所有人事物的尊重」，這樣在工作的過程中，自然會淬煉出你的智慧，培養出你內在的堅定力量。

## ⊙ 毗濕摩的生與死

毗濕摩是一生實踐「正法」的典範，也是印度公認有史以來最偉大的人物之一，據說《摩訶婆羅多》中沒有誰的品德可與他相提並論。他躺臥箭床臨終時，奎師那告訴堅戰（正法之神之子）說：「毗濕摩死後就沒人能傳承正法了。」並敦促他去請教學習。

毗濕摩的前世是天神。某日，他與天神朋友們合力偷取仙人的如意牛，結果仙人詛咒他們降生為凡人受苦。他們便去尋求恆河女神相助，希望能由她接引，在他們一出世即取其性命，以便快快轉生回到天界。可是毗濕摩是主謀，必須待在人間受苦久些。

恆河女神應允下凡，委身於福身王（俱盧國祖先），條件是他不可質疑她一切作為，否則便要離去。福身王出於愛慕只得應允。婚後，女神把前來投胎的七位天神依次浸入河中淹死，送他們的靈魂重返天界。但要淹死第八個兒子時，福身王忍無可忍，遂出面阻止。女神因此告訴他事情的真相，並帶走毗濕摩。之後，女神帶毗濕摩遍遊天界，讓他接受仙人們的撫養與教育。多年後，少年毗濕摩才回到父親身邊。

毗濕摩智勇兼備，也有天神的力量。福身王本來準備傳位給他，但後來偶遇一渡船女「貞信」，她身有奇香，姿容也令他魂牽夢縈。他要娶漁家女本非難事，但貞信的父親工於心計，他說：「親愛的國王啊，你已立王子為繼承人。這樣一來，小女所生的孩子永遠都出不了頭！我寧可她嫁入尋常百姓家做正室，也不願她在深宮中做繼母受委屈。」福身王不願自己的情愛擾亂既定的政局，所以回宮後一字不提。然而孝順的毗濕摩發現了父王鬱鬱寡歡的原因。於是他在漁夫面前發下驚天動地的三個誓言：「放棄王位繼承權、終生守貞、永遠護持俱盧國。」此時天神灑下花瓣雨，以梵音「毗濕摩」讚歎他，從此他便以「毗濕摩」的名號聞名於世（意即可怕的誓言）。福身王知道兒子發下重誓後，便祝福他「可以隨自己的意願決定死期」。（註4.4）

福身王死後，毗濕摩仍為俱盧國盡心盡力，抵禦外侮、處理危機、安排王族婚姻等等。貞信所生的長子花釧王即位不久即戰死。二子奇武王繼位後，因為年幼，所以國政實際上是由貞信主導，但毗濕摩始終是俱盧國的支柱。

奇武王長大後，毗濕摩為他闖進「迦尸國」比武招親的會場，綁架了三位公主。待他回到象城說明原委後，二公主、三公主都同意與奇武王成親，但大公主卻說她早有意中人了。毗濕摩一聽到這種情況，便派人將大公主護送到她屬意的男方面前。沒想到男方說不願意接受被別的男子搶走的新娘。傷心欲絕的大公主只好回到象城，想說那嫁給奇武王好了，可沒想到他也拒絕她，理由是不接受心裡頭有別的男子的新娘。最後，大公主竟想要委身於毗濕摩。可是，姑且不論年齡差距，毗濕摩是發下重誓要終生守貞的啊！自此以後，沒法活下去的大公主，畢生的精神力氣，就全用在如何置毗濕摩於死地了。根據傳說，她後來轉世成為在俱盧大戰中協助阿周那的變性人「束髮」。後來奇武王因病去世，沒有留下子嗣。

貞信勸毗濕摩接受兩位遺孀以生下繼承人，毗濕摩當然是完全拒絕的，但他想到可以請廣博仙人（毗耶娑，貞信於婚前所生）來讓她們受孕。後來，二公主生下了持國，三公主生下了般度。傳說二公主受孕時，因極度驚懼，雙眼緊閉，導致持國天生雙目失明；三公主則是受孕時臉色蒼白，所以般度生來膚色白皙。另有一名宮女生下了維度拉。毗濕摩負起教養責任，並為他們安排婚事。

般度王繼位後因受詛咒而逝，而後貢蒂帶著般度五子回到象城，貞信便偕同兩位兒媳退隱山林。俱盧國的王子們尚未長大成人，教養百餘名孫輩的王子們又成了毗濕摩無法推託的責任。他喜愛般度五子，對於堂兄弟之間的紛爭，他從不主戰，而是不斷勸說以和平方式解決。他總是確保般度族與俱盧族王子們享有同等的地位與待遇。

毗濕摩在俱盧國無疑是一位比國王更崇高、更令人敬愛的存在！但在他晚年時，姪孫輩之間嫌隙不斷，終至無解，只能上戰場拚出高下。他自己又是俱盧國剎帝利的身分，必得為國上戰場殺敵……這種心情，即使生養過兒女的人恐怕也很難明瞭。而要真正體會到終生守貞的毗濕摩的心情，更是不容易，因為他一生護持俱盧國三朝到老，最後面臨的情況竟然是要親手斬絕任一方！他必得保護俱盧國，但也絕不會殺般度五子！假設他身處般度族這方陣營，相信他也絕不會手刃持國百子。在走到戰場之前，想必他早已經歷過心焦如焚的時刻，或許也早已想清楚要如何應驗他「自訂死期」的預言了。

俱盧之戰第九天，毗濕摩所向披靡，轉瞬間箭雨連發，有如流星雨般鋪天蓋地，般度族這邊一時亂了陣腳。奎師那提醒阿周那該動手了，那是阿周那在戰前會議中當眾承諾一定會做到的事，因為「你不殺他，他便來殺你」。毗濕摩發出獅子吼，朝阿周那奔去，並發出數不清的箭，阿周那破開箭陣，同時震碎了毗濕摩的弓，射傷了他。可是，受傷的毗濕摩鬥志更盛，他勃然奮起，不僅把阿周那的援軍打得如秋風掃落葉，阿周那也屈居下風了。

就在阿周那命懸一線之時，奎師那只好違背誓言，走下戰車，拿起車輪衝向毗濕摩。奎師那為了拯救祂的「奉獻者」不得不介入了！他像一朵以閃電裝飾的雨雲，穿越天空。而毗濕摩一見至尊主衝過來，也毫不畏懼地放出箭矢，刺穿了奎師那的身體。身軀完全超然的至尊主接受箭矢穿體，就像情人甘心接受親愛的女友深情的齧咬。

毗濕摩對奎師那說：「來吧、來吧，蓮花眼。諸神之神，我向祢頂禮膜拜。哦，我的主，與我交戰，將我擊倒，讓我贏得三界的尊敬吧！」此時，阿周那迅速跳出戰車，以雙臂緊緊抱住奎師那，提醒祂承諾過只支援而不參戰的，並再次發誓說他一定會殺死伯公。奎師那沒有接話，只是轉身登上戰車。毗濕摩再度發威，在場眾人只見滿天箭雨之下，那些數不清的馬匹、大象、戰士紛紛倒臥，形態各異，般度陣營竟無一人能與之匹敵。

戰事前幾日勝敗互見，但愈到後面，俱盧族愈顯敗相。難敵曾問毗濕摩：「貢蒂之子是靠誰而能屢屢得勝？」伯公再一次告訴他：「這話我已對你說過多次，可你總是不聽。我再說一次，跟般度族講和吧。」毗濕摩教難敵要「約束自我」，與堂兄弟和好，但他就是做不到。而對般度族這邊來說，毗濕摩如同「甘蔗田裡的大象」，誰都無法阻擋。別說是贏得王位，恐怕連自身性命也保不住。奎師那說如果阿周那不殺毗濕摩，祂也會殺他，「因為他已經淪為惡勢力的附庸，早晚要受惡報的。這是業報……這是命中註定的事，殺死毗濕摩的是天帝……但除了你阿周那，天帝本人不能殺死他。」（註4.5）

作戰多日，僵持不下，奎師那說：「堅戰啊，去向毗濕摩請教殺死他本人的辦法，尤其是你去，他會說真話。」入夜後，般度五子與奎師那卸下武器鎧甲，前往伯公的營帳。一見面，伯公便親切地問候每個人並說：「我能為你們做什麼，讓你們更快樂？哪怕是天大的難事，我也會盡力去做的。」堅戰戒慎恐懼地問出了口。一番對談後，毗濕摩說出可以致他於死的「不祥之兆」。毗濕摩不會與他認定的不祥之人作戰，並進而指出般度陣營中的「束髮」是最合適的人選，因為他以前是女人，後來變性為男人。毗濕摩甚至還為他們計畫好，讓阿周那站在束髮身後，迅速對他射箭便可擊倒他。這是因為毗濕摩已決心要死，才會說出這樣的話，但這些話令阿周那痛苦難當。他回想起自己幼年喪父，曾經玩得渾身是泥巴，跑去賴在伯公身上，叫他拔拔、拔拔……而終生未曾動情的毗濕摩則慈愛地回應他：「不是拔拔哦，叫阿公，阿～公……」一想起伯公過去種種疼愛，阿周那又想繳械受死算了。奎師那說：「德高望重的長者要來殺你，你可以先向他致敬再殺死他。這是永恆不變的剎帝利法，要不懷惡意去作戰、保護和祭祀。」（註4.6）

雖然毗濕摩說已厭倦這個身體，也曾在戰場上鼓勵般度五子來取他性命，但那真是異常艱鉅的任務。般度陣營集結各路菁英從旁協助阿周那與束髮，只圍堵、攻擊毗濕摩一人。他在這場大戰的第十天已殺死一萬名戰士，儘管他此時已身受重傷，但始終巍然屹立。眾人的梭標、長矛、牛牙箭、月牙箭的箭流不斷，但只有阿周那的箭流能傷到他。

神將毗濕摩終於以箭為床倒臥下來。阿周那撲向前去，跪倒在親愛的伯公腳邊，所有的戰事也嘎然而止。毗濕摩倒下後，空中響起神眾詢問的聲響，他便說希望等到太陽北行之時再死去，這樣才能回到他從前的天界居所。恆河女神派遣眾仙化作天鵝前來繞行致敬。戰場雙方，俱盧族歎息哭泣，無心再戰，般度族雖然歡欣，卻也有人哀嚎昏厥，或向毗濕摩致敬，或譴責剎帝利法。仙人們讚揚恪守誓言的毗濕摩，婆羅多的祖先們也讚揚他。（註4.7）

## ⊙初論平等心

平等看待苦樂、得失、勝敗，這樣子去作戰，你就不會招來惡報。（2.38）

奎師那說「善盡職責」即可避免惡報，更進一步的話則是要以「平等心」看待「苦樂、得失、成敗」。「苦樂、得失、成敗」都是相反的結果。所謂「平等心」，字面上是說要「平等看待」兩個相反的東西。問題是，明明是相反的兩個極端，要怎麼去一視同仁？

若只從邏輯上看，這種「平等看待」似乎是做不到的。然而，這個道理講的是「萬事萬物皆有二元性」，亦即同一件事在演變的過程中，針對其中某一階段你會有「苦或樂、得或失、成或敗」這樣的認知或感受。然而，這些都是一時的，也都還在無常中醞釀著。所以，不要匆促去論斷，以為你所認知的即為永遠不變的定論。甚至可以放慢速度，好好去感受個中滋味。這些話說起來容易，實際做起來相當困難。

苦樂、得失這些感受都還在演變之中。譬如說，剛買的新車讓你雀躍歡欣，但只要一點點刮痕立馬讓你叫苦連天。股市一開盤，股價就永遠在浮動，投資股票就必須能承受帳面上的虧損。

然而，你的股票連續跌停兩天，前景不明時你就會知道這有多難，現實情境中要做到低買高賣也很難。在學校成績優越，進入社會後卻一事無成（可是婚姻幸福）。不喜歡讀書，長大後卻成為集團老闆（可是短命）。這類人與事並不少見，得失成敗難以定論誰的人生。

「失敗為成功之母」這句話講的就是，你今天所認定的失敗會造就你明天的成功。然而，這些結果都是外在、表面、短暫的，別讓它擾亂你的心而不去「善盡職責」，因為「善盡職責」這件事才是最重要的——帶來幸福，免於惡報。再舉一例，若在商場試穿好幾件衣服，而且有售貨員提供一對一服務，但你最後的決定是一件都不買，那麼，他失望的情緒是很難不表現在臉上的。售貨員若認定他盡了職責後必須要有業績，那就注定要有很多情緒了。相反地，也有售貨員認為他的工作是助人找到最適合的裝扮，平日也常研究各種體型、樣貌如何截長補短。若工作焦點是在助人變美、變帥，那他就比較能平等地看待業績高低、個人得失了。

## ⊙ 不介入他人因果

要履行自己的職責，即使做不好也勝過把別人的職責做到圓滿。與其履行他人的職責而置身險境，還不如在履行自己的職責時死去。（3.35）

「善盡職責」的「善」，意思是「為人著想」，但是，「為人著想」的範圍有多大？這個「人」

也包括自己，所以詩節（3.35）是在釐清這個範圍——不要大到「把別人的職責也拿來做了」。

章成禪師說：「平常比較有在反省的人，『高我』會透過他清晨時做的夢給予指引；而在面對『人生選擇點』時走偏的人則較難察覺。」

那為什麼神佛不直接告知呢？因為祂不會介入你的因果，或干預你的自由。祂尊重你的選擇，所以只會提醒你。一般人都以為神佛在面前，便低頭祈求，但實際上神佛在你後面，你有所行動了，祂才會推你一把。祂是如此行事，更何況是人呢？說「為你好」的人只是想證明自己對，口頭上說要助人，但其實是擅自替別人做決定了。真正的助人者會先傾聽你、瞭解你，會啟發你去思考，帶你去看到不同的角度，而不是幫你把事情做完。

韓劇《未生》第六集對於這種職責的界線有個很好的例子。有一天，張格萊與張百基要跟著IT組的「朴容九代理」去業務現場實習。朴代理很習慣對自己說負面的話，也不知道要劃清與他人的界線，常常過度為人著想，並因此舉棋不定，陷自己於兩難。這回，三人一到該公司大門口，就聽到裡面傳出對話聲說：「朴代理這人真好糊弄。」原來，對方把貨品先出給新客戶，而一再拖延與朴代理的約定。三人進去後，對方也明擺著就是要輕慢朴代理，連帶著也無視其公司權益了。張百基一看苗頭不對，反正時間也快到了，便拉著張格萊要回公司去，沒想到，張格萊不願意。張百基可能為了避免尷尬，讓朴代理一人去處理對方違約的事就好。那為何格萊要留下來？

張格萊初見朴代理時曾說：「吳科長說您是個善於營造雙方關係的前輩。」他說的並不是客套話，他是打從心底相信朴代理有這個能力！所以，在朴代理給公司捅了婁子時，他表示要留下來，因為他知道自己能發揮作用，他對朴代理充滿信心的眼神便足以讓他強硬起來。等待公司法務人員來支援之前，該社長和經理等三人還演了一齣苦肉計。朴代理一開始果然深陷泥淖之中，不忍心對方被自己公司求償，在職場上的「過度憐憫」讓他看不到這一切其實都是對方故意營造的假象。所幸，在隨後的會議上，張格萊不時對朴代理投以敬佩的眼神，他仰望前輩的視角是一份溫柔而堅定的鼓勵。朴代理感受到了，終於打了漂亮的一仗。

張格萊並非越線去做朴代理的事，他只是陪伴、鼓勵，這番「為人著想」的心意是「善」，也是善盡職責又保持界線的一個範例。而朴容九這樣軟弱、任由他人擺布的個性，也有人說他很「善良」。但其實，他就是所謂「好好先生」，他這種「好好」並非真實的善，比較像是在「討好」，所以才會失去力量，無法掌握自己的人生。

## 「善」盡職責的關鍵

有些人認為「職責」是清楚的「工作範圍」，不在範圍內的就不歸他管，然而，世間萬物無法決然劃分開來。有時候去餐廳嘗試新口味，針對某樣菜色多問幾句時，很多服務員會推說「不知道啦」。這個「不知道」好像是他的擋箭牌，因為說「不知道」他就可以打發你了，可是實情是「他不想知道」。遇到有些口氣比較差的，你還能聽到他心裡在嘀咕：「怎會問我這問題？不要問啦！」好像讓他很為難，有什麼難言之隱似的。然而，總是說「不知道」是在荒廢自己的「智性」。

度假時去住飯店，若開口問櫃檯說附近有沒有特色美食或景點，多半也是答不上來的。有的甚至會說：「哦，我只是來實習的」、「我是會計，只是來支援一下」。原因是，這不是他的工作範圍，或他不住這邊，對這裡不熟悉。更何況，飯店只提供住宿，又沒收客人導覽的錢，客人想去哪裡，應該自己去看網路地圖啊。這樣講是沒錯，你可以不用準備這些資訊，回答「不知道」也是可以的。如果多做也沒錢拿，選擇不做是很自然的。因此，就有所謂商業模式或獎勵機制來「培養服務熱忱」。在電子商務方面因為無須實質接觸，這樣的確可以快速達成銷售目的。然而，真人服務是「心對心」的交流，跟隨商業模式操作只能有按部就班的表現，並非由衷而生的真情實意，而客人對這些是會有感覺的，很可能暗自希望「你快唸完快走吧」。

不過，也有服務人員在被問了幾次後，會警醒到：「啊，我服務的客群有這樣的需求，這件事雖不在我的工作範圍，但是，我也好奇飯店附近有什麼人文景點、特色美食。所以，我可以利用下班後在附近吃吃逛逛，既是個人休閒，也會對客人有幫助。」那麼，這樣的人所提供的服務品質就會讓他鶴立雞群，受人賞識。所以，「職責」這一名詞並非一件件事情，而是一個「範圍」。一樣的工作，但是因為他認定了職責所在是一個範圍，而他也願意跨出來把範圍做大，他就會做出他的個人品牌。有需求就有做生意的機會，即使你一開始做的事並不起眼，但若能經常留意旁人的需求，便可培養出自己獨特的眼光而看到商機。

當然，範圍也不是無限制地擴大，那個邊界如前文所述，也是需要去拿捏的。事實上，客人並不期待你給出多詳細的答案，僅僅只是給他一個大標的，他自己就會去搜尋。但是，一句「不知道」，除了限制你自己發展的廣度，也打斷了你與他人的連結。想想，若你能對客人微笑，就你所知給他一個簡明的答案，這不就是一次美好的「結善緣」、「拓展人脈」？我們可以把握與人有交集的每一刻，那都是決定你命運的重要時刻。在那短短的交會中，若你感受到對方的需要，且能不吝惜地去滿足那一個點，其實，這不只是在助人，你自己必定也受惠。「善盡職責」會快樂，因為「助人為快樂之本」是真的，而且，其附加價值遠遠超乎你頭腦所能計算。

人大多覺得自己有在「善盡職責」，是認真負責的人，也常覺得自己有「心存善念」。可是為什麼阿周那的善盡職責居然是要上戰場殺死親友？人生走到何種境地都有其背景脈絡，是自己要去弄清楚的，否則別人眼中的「善」，其實很可能不同於你的「善」。而你，是要走別人的路，還是自己的路？萬一你的路迥異於他人口中的「善」，你具有清楚而堅定的智慧走下去嗎？

日本電影《鐵道員》改編自淺田次郎的獲獎暢銷小說。男主角充分詮釋了偏遠小鎮的火車站「一人站長」如何「盡職責」，一種硬漢式的一絲不苟、盡忠職守，也細膩地呈現出親情與職責之間的兩難。站長對工作極度執著，相形之下就比較不會為妻女著想，以至於女兒雪子與妻子離世之時，他都壓抑著情緒，堅守崗位，甚至還在當天的工作日誌寫下：「今日無事。」如此盡責，最終卻未能順利退休，而是因為廢站要被迫離職了。他很難過，卻仍壓抑下來，坦然接受命運，甚至反過來安慰、鼓勵朋友。他的好友在年節時來陪他，勸他離開傷心地，無奈他早已將自己的姓名刻在妻子的墓旁，意思是，他雖有一個可以工作的身體，卻早已心死。

這樣一個看似盡責的站長，平凡地獨活著，本該沉悶無趣的劇情，卻又意外地溫柔暖心。原因是，當晚他的好友，以及先後出現的三個「雪子」（幼年、少年、青年的女兒）為全劇注入了活力。他們本身的性格都明亮可愛，與站長有意想不到的有趣互動——親密的對談、擁抱、親親，在二〇二三年看到的我，都有驚喜感了，二十多年前此作品剛問世時，觀眾應該更有感。最後，站長終於意識到先後出現的三個女孩就是與他無緣的女兒，於是向她表達了他積壓一生的愧疚。沒想到，雪子由衷感謝他，撫慰了這位看似堅強的父親，讓他徹底釋懷而能微笑以終。

站長：我心裡好感動啊。

女兒：怎麼說？

站長：我太幸福了。我只顧著去做想做的事，結果老婆跟小孩都死了，但大家依然這麼關心我，我真是幸福啊。

女兒：真的嗎？

站長：當然是真的，我死而無憾了。

這部電影令人動容，卻不見有人探討所謂「敬業」的人何以晚年孤苦凋零。超現實的劇情雖然溫馨，仍有濃重悲意。我們大多在自己的工作範圍內追求「善」盡職責，然而，工作是生活的一部分，生活裡的「家人」自然也是我們的服務對象。所以，真正「善」盡職責的人不會僅僅只在工作上盡善盡美，若遇工作與生活發生衝突，當會思考如何「活用智慧」，以「為人著想」為重。回到劇情的話，男主角為了看守車站這份職責，完全棄臨盆、臨死的妻子、重病的女嬰於不顧，內心的萬分虧欠自己永遠也無法消除。正是這份愧疚與悔恨銘刻心底，令他滄桑，活成了行屍走肉。或許，導演選擇用超現實的劇情，看似在撫慰他無比蒼涼的心境，實則也在暗諷這種過度嚴以律己的工作態度，不僅僅傷害與家人的感情，自己人生到最後也變成一場空，只能姑且用夢境聊以自慰。

## ⊙心存善念

「心存善念」的人，他的「靈性」之光凝聚堅定，明亮實在，完整合一，他的身心靈是健康的。

章成禪師常說：「心存善念，福氣綿延。」這句話很簡易，可也很深奧。但有一個重點，那就是：你是否「為人著想」？

以十五歲的國中生為例，他說自己的職責是上課認真聽講，下課讀書把試考好，這樣就是善盡職責。然而，「心存善念」去盡責的話，他會為身邊的人著想。若為父母著想，考慮到他們工作、備餐的辛勞，就不會只顧自己吃飯，而是會主動洗碗、清潔，和顏悅色相待。若為同學著想，是否在學習過程中就不會只顧競爭？若能想到老師教課的辛勞而心生恭敬，是否會主動為他泡茶水也不畏同學譏諷？因為做這些事可能被說是在拍老師馬屁，但外在表現是一回事，當事人內心的「那一念」是否真的「為人著想」，就會有天差地別的成果。

再以育有二子的母親為例，她說自己的職責就是把小孩拉拔長大。然而，「心存善念」去盡責的話，即使遇到孩子反抗，她也不會瞬間重返自己的青春期。她不會失去為孩子著想的心，而沉浸在對抗冷戰的心態中。相較於孩子，母親是成人了，而且有示範作用，若能先為他著想，才能扮演好長輩的角色，才能啟動親子關係的善循環。

又譬如說，若有專櫃小姐看到穿戴名牌服飾的客人就一臉殷勤，滿口好話，但她心裡想的是：「我要挖你的錢！」有店員看到出入名車、穿戴精品的客人就預設有大魚快上鉤了，結果人家只喝一杯咖啡，他心裡就想：「啊！那麼有錢，卻只消費一點點。」這樣就是沒「為人著想」。就算他表現出很盡力服務的樣子，但他已失去良好的心。心不健康、不在他應盡的職分上，他的因果就不會好。

「心存善念」、「善盡職責」，總是「為人著想」那樣地去做自己該做、想做的事，然後就可以……在此，我必須說「求名利」並非錯事，可是人大多「太急躁」。你之所以有你現在這副身與心，其來有自，目前你所能運轉的部分，只能根據你目前的條件。如果不夠清楚自己，一看到有「富貴」的機會就用頭腦盤算，覺得可以去卡位、拉關係，那會變成捨本逐末。可是，如果能把目前生活中的個人內務、家務、工作、休閒這些活動好好經營起來，「為人著想」也包括「為自己著想」，這些行動當中都有可以去學習、去創造的地方。若你真的有做到，那麼專屬於你的「富貴」、「善緣」、「財庫」、「智慧」也會到來，因為你真正做到「德有配位」了，所以，這樣的心靈財富會儲存在你的「精微體」裡面，也就是你「生可帶來，死可帶去」的。所以，這與汲汲營營、不擇手段去存第一桶金是完全相反的走向。若是只以錢財為目標，用折損自己或他人的方法去攀附，那樣的人生真的會轉眼成空。若你能「心存善念」、「善盡職責」，那麼即使你透過輪迴再回來了，下一世這個儲存在「精微體」裡面的「財庫」便會成為你的「金湯匙」。你將啣著金湯匙出生，在下一世有更好的條件繼續人生學習之旅。（註4.2）

「善念」是一種後天修練而來的高層意識。善盡職責也是「行善」，每個人每天要去的「工作場合」就是他行善的最佳平台了。「心存善念」加上「善盡職責」會帶來「富貴」，只不過，善盡職責的人反而很少心繫名利。這是人生弔詭之處，也就是章成禪師所言「DNA 反轉法則」——「你愈想要的反而會愈要不到」。可是，你沒有想要得到那個位置時，卻有可能坐上那個位置，名副其實。

## ⊙地球功課

「靈魂」（靈體＋精微體）透過輪迴的機制反覆地來地球投生，這是一種考試總不及格、一直被當掉的狀態。所以，靈魂來地球需要通過的考試便是他的「地球功課」。「靈性」是一個人的本質所在，需要長時間去覺察、意會、體悟。然而，這絕非虛幻，而是穿越重重虛幻（感官衝動、情緒、念頭、假我）之後，所看見的「真實的自己」。說是重重虛幻，卻也不是去否認或貶抑「虛幻」的存在，因為做地球功課的著手之處正是這個「身體與心理」，也正是「你」在輪迴中不斷循環累積之後的一個具體顯化。與身心相關的一切，包括「社會階層」、「人生階段」等也是探索靈性的入口處。換言之，可以藉由你的父母家族、教育背景、「社會階層」與你現處的「人生階段」來釐清屬於你的人生座標，從你較擅長，較有資源的地方開始，找出你最適合、你也喜歡的事情去做。接著，再一次做得比一次更好，更細緻地去「為人著想」、「善盡職責」。

現實人生中，地球功課是什麼（註4.3）？大多數人是當局者迷。投生在怎樣的家庭，就已經決定了此生的大致走向，有時候是連反思的機會也沒有的。就這樣，在命運這座不可見的機械裝置上一直做出重複的動作，週而復始。韓國電影《俠女：刀的記憶》，大多數的影評都說編劇不好。既知要復仇的對象是親生父母，還殺得下去喔?!最後，母親側臉看向後方的女兒，示意可以動手了，女兒就真的動手喔?!而懷裡抱著妻子的父親竟加碼把女兒手握著的、刺進母親身體裡的刀再刺進自己體內，同時對著女兒憐愛一笑。這種劇情讓人無法理解，也引發很深的恐懼，怎會有女子恨她情人至此，竟要賠上兩人的女兒，讓她背負殺死父母的大罪？女兒自幼就被當作復仇的工具，在古代威權體制下，一個少女實在沒能力看清楚那樁殺父殺母的使命是基於「仇恨」，沒能去掙脫母親的魔咒。

「靈魂」歷經無盡輪迴，早已深知自己受過的痛苦與限制。因為想要自由，不想要生生世世活在「悲」（無力感）當中，所以，他很清楚自己是再來學習的。可是另一方面，「做」地球功課需要脫離舒適圈，打破慣性，而人都有抗拒改變的本能。然而，抗拒地球功課的人是在逃避真相，是在找各種理由拖延，浪費人生而已。一拖再拖的結果會更糟糕，因為靈魂也會討厭這個拖延的自己，以至於一方面老是拖延，一方面又斥責自己不該拖延。這樣的人生總自覺「高不成，低不就」，或「看得到、吃不到」，這很可能是一直沒去做自己的地球功課的結果。

如何知道自己的地球功課是什麼？對於陷在慣性行為模式裡的人，他用頭腦做很多思辨，這個問題對他而言就會很難，因為這需要有來自於「覺」的敏銳度。如何能「覺」？

從「感謝＋反省」開啟「奉獻」循環的人就能「覺」，他會有敏銳度去瞭解到某些人的作為其實是自私。有「覺」的敏銳度後，你就可以從日常小事中覺醒到某件事對你很重要，你可以看到多年來一直跳不開的反覆模式，然後你就會知道接下來該怎麼選擇才能往上走，因而開創出不一樣的人生風景。

另外，「覺」的開啟也有助於更加瞭解前文所說的「善」。否則，把「善」變成一種制式觀念、道德勸說，也可能帶來屈辱、吃癟的結果。只用「善」去解讀所有的事情也會讓人無法分辨是非對錯，這樣的人生到最後會惹來一身腥。如果你覺得一片善心被人利用，那正是因為你的「覺」還不夠，不是真的有敏銳度。人生形成很多良性循環後，才會真正清楚什麼是惡。

## 你的正法

若認為「正法」是「善盡職責」，那麼，身而為人，你的職責是讓自己的身體健康、心情愉快；為人父母者，你的職責是餵飽家人、教養子女；身為上班族，你的職責是在崗位上服務人群。透過好好履行以上「職責」的過程，突破二分法，思考雙贏即能增長智慧。然而，「正法」的意義遠遠不只如此。

章成禪師說：「若能接觸到『正法』，浸泡其中，即使自己沒有特別用力，也能穿越過層層的地球功課。」

「正法」能讓你意會到你生命的寬闊與深度，領悟你這條人生路走到圓滿所需要的「瞭解」。「正法」不是一個東西，不是是非對錯，比較像是拼圖。如果說圓滿之境是一幅畫，那麼，你的「正法」就是那一片一片的拼圖。如果說圓滿之境是一鍋好湯，那麼，你的「正法」就是那些食材、調味料、手法、眉角，你要怎麼做才能讓湯噴香好喝？而所謂到達圓滿，也包括你的心會從「有念」到最後變成「無念」，不是沒念頭、沒反應，而是在做這些事情的時候，你不會牽掛憂慮，而是自自然然地不會去累積因果。若你懂得「心存善念」與「由衷感謝」，不急躁也不功利，就在實際生活裡一一去調整，那麼你的「瞭解力」是會讓你不斷得到「小開悟」的。

章成禪師說：「累積了很多的『小開悟』，最後就自然而然會來到那個『大開悟』，而這個『大開悟』就會讓你『一世解脫』了，你就可以在這一世結束之後脫離輪迴。那麼這整個過程的成長曲線，會是一條『向上拋物線』——前面看起來很慢、很平，後面卻快得不可思議。」（註4.8）

然而，其中的重點在於，你能否先切換到這條拋物線的軌道上，也就是「正確地修你自己的修行」——「你的正法」！每個人的條件、資質、處境都不一樣，你的正法不會與他人是同樣的一套作法。真正能助人覺醒的教育應該要有能力幫助你去清楚「你的正法」。另一方面，你也要懂得去判斷，哪些師父的講經說法不是在高談闊論，而是能對應到「你當下的處境」，也能讓你有充分的瞭解與解套方向，這才是真正適合你的。若你聽著聽著，覺得有很多文字在堆砌，或讓你累積很多系統性知識，或一直在營造「愛的氛圍」讓你沉迷在得到慰藉的舒適圈，那麼，要小心你可能會變得愈來愈糊塗，浪費了人生。

瑜伽或宗教修練都有戒律要遵循，然而，漫漫人生旅途中，你最終會瞭解這些戒律框架亦有其局限。並不是說戒律不好，戒律的確會帶來正向循環，但持戒與否、如何持戒，更像是自己心中的一把尺，而不是老師檢查作業。不要認為某個統一的功法修練就是絕對的正法，否則，你這一生為何會有這麼多「起起伏伏的細節」呢？人生在哪裡打結，就在哪裡解開，每個人的解法是不一樣的，不是有一套固定的功法，照做就好的。所以，你的人生是要去符合某些框架所塑造出來的外在模樣呢？或是，你想利用有限的人生去探索你自己生命的寬闊與深度？

章成禪師所傳遞的「正法」並非只有「唯一正確的標準」，因為，「任何說法都是為了讓在這一刻的你更能夠瞭解，不代表下一刻這個說法仍然適合，更別說對這個人適用的方式能否適用另一個人了。」禪師的著作《都可以，就是大覺醒》中也很清楚地說明了「無字天書」並不是能用語言文字記載下來，而成為一個觀念去理解的東西：

「無字天書」就是透過任何當時當刻的說法或方式，讓你在當時當刻可以去體受到那個開悟的吉光片羽，所以要記住的是那個當時所體受到的「感覺」，而非語言，因為那個「感覺」不是語言能夠取而代之的。當你透過語言去得到觸動，停下來浸泡在那個觸動裡面時，有更多的東西就能夠圓通了。但很多人都是停留在幫助他去瞭解的那個語言與方法上面，然而停在這上面就變成頭腦了，這很不一樣。（註4.9）

## 由衷感謝

只講「善盡職責」會有被榨乾的感覺。其實，並非只有你一人在善盡職責。只要你願意去看，放慢速度去感受，必能發現在你周圍、在物品的背後有許許多多的人都在善盡職責。是因為有他們的存在，你才能享受現代生活的便利與樂趣。有了這份「看見」、「瞭解」，慢慢地你的心便能生出「由衷感謝」之情。表面上，好像是禮貌性地跟人說聲謝謝而已，實際上是自己的心靈得到滋潤，感受到了一份「隱藏」卻又「真實存在」的愛，而這也是提升到五次元意識的入口之處。

《奉獻》中有這樣一段話：「所謂『輪迴』其實就是一個聚集了所有不能感謝、不想感謝、不知為何要感謝的理由與怨念，所構成的生命教室。……有一個偉大的傳承想帶來的信息是：如果在業力糾結的人間苦海中，有一條能夠衝出輪迴，開創嶄新文明的道路，那麼「感謝」將是這條道路的入口！」（註4.10）

「『感謝』將自動開啟真實的靈性覺醒。」這其中包括有「內在自動療癒、自我自然消融、意識回到合一、完成地球功課結束輪迴」。（註4.11）

以下針對「感謝」會開啟的靈性覺醒加以說明。

**一、療癒。**若能打開「感謝」的眼界，便可發現「別人的存在」，原來有那麼多陌生人一直在為你奉獻，這會化解掉很多情緒如恐懼、無力感、憐憫。有些人掛念以前受過的傷，卻不斷地需要療傷，但各種受過的傷害好像無底洞，一生都要花在過去的創傷裡了。其實，累生累世的傷是處理不完的，一直要療傷的人無法向上走，而是會往後退，滯留在過去的狀態裡。相對地，感謝會開啟你的「覺」，讓你有能力去瞭解並清楚，而「清楚就不需要療癒」了，你的心境會開始敞亮起來，人生也會一邊繼續清楚，一邊喜悅地往上走。

**二、放下自我**。「自我自然消融」裡的「自我」即本書第五、六章即將講述的「假我」。「沒有假我」是得到「堅定智慧」與「平靜」的智者所表現出來的徵兆。然而，「假我」和「欲望」一樣，不是你說不要就可直接拿掉的，也不是你以為拿掉了就不存在的。本書將於第六章「沒有假我」一節詳加闡述。

> 無論使用任何法門，信靠任何宗教、大師，「自我」都無法透過「自我拯救」的意圖離開輪迴，唯一的救贖之道只有「放下自我」，去發現就在當下的愛，去承認就在當下的愛，並在當下就以愛行動！（註4.12）

「假我」是一種緊縮的意識狀態，其思考模式是製造對立的「二分法」，而且無論獲得什麼成就，都會一再地否定當下，也「自我否定」而重回焦慮狀態。「由衷感謝」能消融假我的原因是，

感謝之情能擴展意識，因為對當下的肯定，也就消彌了「假我」的慣性——否定當下與自我。（註4.13）

三、合一。「提升意識」或「擴展意識」是靈性進步的表現，而且那意識狀態會超越三次元，或說到達五次元的「合一」。然而，所謂「合一」這種高層次的意識品質，我們用三次元的語言文字要如何完整描述？以下的實例將有助於你一窺堂奧。

章成禪師曾在傳遞大日如來訊息說：「人活著時，常覺得自己與別人沒有關係，別人只是你的百萬分之一。但是，當你倒下時，如果有人剛好在你身旁，那個人在那千鈞一髮之際出手救你時，你便會有一種很深刻的感覺，那就是『大家同樣都是自己』。」

又例如說，有兩個人在路上爭吵。其中一人突然倒地不起，另一人見狀便極力要救他。這就是他的意識在那瞬間回到「合一」。也就是說，在你倒下的那一刻，原本跟你對立的那個人在那一刻，他會變成你！

所有的紛爭、分裂都是從「頭腦」算計而來的。人類在文明初始曾有很大的生存恐懼，需要嚴格劃分出人我界線。然而，現代人若想提升意識，走向更健康、更光明的世界，卻需要反其道而行，辨識並掙脫那些來自頭腦與習慣的綑綁，這樣才能去「瞭解」對方，將心比心、創造雙贏。一旦有些微的成長，就要更去意識到自己的「福氣」，要記得你的成長是來自於許多因緣、條件的支持，所以，要感謝這些人事物，要珍惜他們的存在，甚至回饋他們。最終，你會發現在戰勝習慣的所有動力之中，「感謝」最能提升意識、帶來合一。

四、回家。關於「完成地球功課，結束輪迴」，在地球教室裡，最重要的功課是學習「平衡」。然而，必須自己有餘裕，才會願意「付出」以建構出更大的平衡，否則自我犧牲日久會變成「正義魔人」而引發更大的失衡。所謂「餘裕」是一種豐盛感，是需要「智慧」去創造出來的內在空間，會帶來「圓融」而非強硬的心態。

以下舉「若選擇吃素，如何保持善念與平衡」為例，說明可以怎麼做來完成平衡的功課。

有學生提問：「吃素是靈性的？我們應該吃素才對嗎？」

章成禪師說：「如果吃素的話，那就要把自己照顧好，這包括照顧身體、人際關係……如果因為吃素，而在生活上產生了不平衡，或與家人關係變不好，那你就要從中求取平衡之道。真正的『吃素』、『非暴力』不是教條，或宗教的外衣，而是讓人學到『吃素的精神』、『宗教的精神』。」

「吃素」只是人生行動當中的某一個面向，但是，靈性只有「吃素」這一個面向嗎？當然不只。因此，若以為「吃素」是長養慈悲心的唯一或主要方法，你的健康或人際關係卻失衡了，那裡面就有你的功課。一個人若很自律，他的「貪嗔癡」極低，他的慈悲心或許遠勝於素食者。各人因緣、條件皆不同，「吃素」對你特別有意義，但是對別人卻不見得如此。不照你那樣去做，不見得就是壞人。學佛、開悟並非要建立規則，而是要讓學生「自己有能力」看出各種差異性。「慈悲」是有能力對每一個人時，都予以「個別看待」，不會拿自己的標準硬套在別人身上。如此，便能看出每個人都有他的難處，而其難處也會有階段性，因此，「法無定法」，地球功課是有「次第」的。

素食者若認定吃肉就是錯的，見人吃肉就皺眉頭，那其實他自己就掉進「悲」裡面了。要知道，選擇素食是你選擇這樣去表達「愛」，你可以在身體能力的範圍內去吃素，但不該用這個標準去對待所有人，或對肉食者有情緒。

其實，對素食者更有助益的做法是，用「感謝」的心培養自己的善念與平衡。例如，感謝自己生活在一個吃素便利的環境，因為有很多人付出了時間與心力，我才能走到哪裡都不挨餓。載運素食食材的司機本人若是肉食者，也有些素食者會希望他也吃素，或批評他載運肉食會有惡報等等。然而，不妨靜下心來想想，素食者會想用「寬容感謝」來守護自己，還是用「苦恨批評」去餵養自己的心念？

說神愛世人者，為何他眼中只有「非黑即白」的二分法？輕易把「別人是魔」說出口的人，「愛」在哪裡？愛一直都在，然而，沒看到完整真相的愛，反而導致衝突、戰爭。普丁認為自己體現了「俄羅斯之愛」，但那份愛卻造成千千萬萬的俄國人、烏克蘭人、歐洲人等等痛苦難當！愛的反面不是恨，而是苦，太苦了，才會變成恨。那為何人間有苦有恨？

若無智慧，沒有善念，就不會有「愛」。然而，要有愛的話，說起來也不是遠在天邊的事。第一步，只要你別批評或打壓你的對立面；再則，願意去瞭解他、接受他，與他達成平衡，這樣明天就會更好。而練習這一切並非是為了別人，主要是為了你自己！是我們自己的功課。

## ⊙ 當代的正法

章成禪師說：「心靈成長是人提升意識的過程。人要如何變得愈來愈有意識呢？道路與方法有很多，不同的方法適合不同的人，即使是同一人，但在他人生不同階段也會有比較適合他當時需求的作法。在我們現在這個時代，針對現代人的『通病』和『意識品質』，『感謝＋反省＝奉獻』是最適合多數人的。容易入手而且容易共鳴，卻又是『正法』，可以完成地球功課。」（註4.14）

「感謝＋反省＝奉獻」即為「當代的正法」。這裡的正法已全然不同於本書第一章持國口中的「正法之田」，那是心懷恐懼意識、凡事只用「二分法」處理的人所喊的口號，其實反映出的是一己的偏見與歪理。此外，「當代正法」也不同於第四章奎師那所謂「善盡職責」了。不過，特別的是，《薄伽梵歌》第十二章的內容重點「奉愛服務」（梵音bhakti），其中的「奉」指的就是「奉獻」。事實上，「奉獻的智慧」，其梵文也是「正法」（dharma）一詞。換言之，「職責」可進一步提升為「奉獻」。或者說，若有人在他的工作上不斷精進，真正做到了「心存善念」、「善盡職責」、「感謝＋反省」，那麼，這份同樣的工作內容自會晉級到「奉獻」的層次。而你一旦是真的用奉獻心去做工作，那麼，必會贏得貴人的心，也會有源源不絕的助力。

「奉獻」這種正能量會吸引更多的正能量，而形成一個更好的人生循環（註4.15），並開啟「更高層次」的正向循環。「奉獻」是以你的「由衷感謝」為出發點，感受到了別人的照顧，也體認到自己只是付出一點點，別人卻已經為我付出了這麼多！「我怎麼那麼幸福！」大多數人都曾經有過這種內心充滿感謝的狀態，然而，我們多半就停在這裡，或沉浸在歡天喜地裡，或只專注在「我得了什麼好處」，或誠懇地一再向對方道謝，然後，就結束了。

若想更契入「奉獻」，那麼，當你有「由衷感謝」時，要把握這個很重要的關鍵時刻——「把注意力放在感受對方的那份心意上！」對方是怎麼「替你想」的？是怎麼「為你做」的？好好去瞭解與清楚對方的心意。章成禪師曾指引學生去感受對方令他感動與感激的「那個點」，而令他能「意識到比這個人生架構更大的存在」！（註4.16）如果不這麼去練習，那麼你的感謝只能局限於對方的外顯行為或眼前的好處，你會感受不到他內在的那個「善念」本質，也無法更進一步感受到「愛」或「生命的源頭」。

「感謝＋反省＝奉獻」也是一則關於「如何完成地球功課的重要訊息」。若從瑜伽哲學的觀點來看，這個等式正是由「高層次的情感與思想」來引發「奉獻」行動。基於對人事物自然萌生「由衷感謝」的「情感」，加上「反省」的「思想」，這種結合了人的「高層次感性與理性」所自然催化出來的行動就是「奉獻」。覺察到自己「已被愛」的事實後，你會「由衷感謝」，而「反省」

能突破所有功課！這裡的「反省」並不是「檢查自身錯誤」（註4.17），而是延續感謝之情去思考——若是自己要做，那要如何做好？你會瞭解到自己的不足之處，知道如何補強。你會更清楚人生方向，知道要去哪裡。

章成禪師所教導的「反省」，也是更細緻的「瞭解」，能讓人自然地放下情緒。在這世間只有極少數的人是自願，或有任務而來輪迴的。絕大多數的靈魂都是受困於「討厭」和「不甘心」，因為無法掙脫負面情緒的綑綁才「被出生」的。遇到這類情緒，大部分人都只想逃開，不願面對，更別提要去「瞭解」或「反省」了。然而，能夠超越輪迴的人就是願意先放下那顆抗拒的心，且願意去瞭解的人。有所瞭解了，你就能更「清楚」這些原來的「討厭」和「不甘心」是怎麼回事，然後你自問：「我該怎麼做？」當你願意直接面對，進而解決時，你就不再覺得它討厭，甚至慢慢地會無念。逐步突破這些地球功課後，就不會再與它有來去了。練習「反省」的人會對人生有更多的「清楚」，進而能看出自己「該走的路」，那樣就能辨識出真正的「神」與「佛」，不再受虛假能量誆騙。因此，所受過的一切苦都要記得，都不要逃避，只要好好反省，那麼，除了不會重蹈覆轍之外，更能往上踏一階找到「回家的路」。（註4.18）

「奉獻」並不是犧牲自己的快樂去普渡眾生，而是在自己真有心滿意足的「由衷感謝」，與智性上的「反省」之後，願意以更有「愛」的方式去行動。這裡的三個關鍵字「感謝」、「反省」與「奉獻」可以形成一個「愈來愈好」的向上循環。簡單說來，就是你先看到生活中值得感謝的地方，反省後開始更高階的奉獻行動。接著，你又會看到更多更多值得感謝的地方，而擁有更多的甜美幸福。而且，你只要就你目前的生活，在你獨特的位置上，以喜悅盈滿的心情為他人奉獻，而那當中，你自己就能「消融」掉很多本來無解的地球功課。

（註4.1）Steven Rosen（2006), Essential Hinduism, Praeger, p. 34 - 45.

（註4.2）章成禪師網路文章：〈「錢」是生不帶來、死不帶去，但「富貴」可以——顛覆你想法的一堂靈性財富課〉。

（註4.3）章成禪師網路文章：〈從你的「未來」，看見「當下」的路——靈修其實是門「未來學」〉。

（註4.4）江信慧、楊逢財著（2008），《Discover Yoga 探索瑜伽》，文經社，p199-200。

（註4.5）Chapter9-The Ninth Day of the Great Battle; The Invincible Bhishma, Mahabharata（abridged) https://www.wisdomlib.org/hinduism/book/mahabharata/d/doc118439.html.

（註4.6）毗耶娑著、黃寶生譯（2018），《摩訶婆羅多》〈毗濕摩篇〉第 103 章。

（註4.7）毗耶娑著、黃寶生譯（2018），《摩訶婆羅多》〈毗濕摩篇〉第 114 章。

（註4.8）章成禪師網路文章：〈活在力量裡，一切才有意義——再談「因果病」，破除靈修迷思〉。

（註4.9）章成、M．FAN 合著（2016），《都可以，就是大覺醒》，商周出版，p166。

（註4.10）章成、M．FAN 合著（2017），《奉獻》，商周出版，p19。

（註4.11）章成、M．FAN 合著（2017），《奉獻》，商周出版，p20。

（註4.12）章成、M．FAN 合著（2017），《奉獻》，商周出版，p18-20。

（註4.13）章成、M‧FAN合著（2017），《奉獻》，商周出版，p23-25。

（註4.14）請搜尋「章成的好世界」部落格《與佛對話》【問答集】——「修行可以不需要那麼費力，為何佛教要人們修六度？」。

（註4.15）章成禪師網路文章：〈正能量？負能量？你真的充對電了嗎？……不然「愛自己」了半天，為什麼還是容易羨慕嫉妒？〉。

（註4.16）章成、M‧FAN合著（2017），《奉獻》，商周出返，附錄p187-190。

（註4.17）章成、M‧FAN合著（2017），《奉獻》，商周出版，p130。

（註4.18）章成禪師網路文章：〈地球這個教室，大部分人們的「功課」形成的真正原因〉。

# 五、Prakriti 身體與精微體——表面的自己

## ⊙ 物質能量

身、心、靈即「身體、精微體、靈性」，此三者連動且分屬「自己」的兩個層面——表面與真實。《薄伽梵歌》第二章講「靈性知識」、「正法即善盡職責」，再講「智慧瑜伽」。「靈性知識」講「靈性」；「智慧瑜伽」講「物質能量」，即「身體與精微體」，亦即「感官對象、感官、心念、欲望、假我」及其之間的關係（2.52-2.71）——實踐「智慧瑜伽」之道。本章旨在讓讀者先認識這幾個重要名詞及其概念，以利在第六章帶進原文詩節時能深入其脈絡。

《薄伽梵歌》第十三章講「宇宙」源自於「purusha」與「prakriti」這兩大能量，亦即「靈性能量」與「物質能量」，或稱「純粹意識」（原人）與「原質」。數論哲學認為「純粹意識」與「原質」是各自獨立的存在。

> 要知道「原質」和「原人」兩者都沒有起始，要知道「身體變化」和「三重屬性」都出自於「原質」。（13.20）
>
> 因「原質」而「產生因果」；因「原人」而「感受苦樂」。（13.21）
>
> 意識居於原質之中，經驗著來自「原質」的「三重屬性」；因對三重屬性有不同程度的執著，眾生便有或善或惡的出生。（13.22）

若用以上觀點來看身心靈三層面，「真實的自己」屬於靈性能量，而來自於物質能量的「身體與精微體」則是「表面的自己」。說「表面的自己」是虛幻假象，是因為相對於「靈性永恆」而言，身心是較為短暫的存在。「表面的自己」是「短暫的真實」，但其問題不僅僅在於短暫，而是種種慣性模式會累積其上而遮蔽了「真實的自己」。有許多信念、信仰、價值觀根深柢固，盤踞在「精微體」之上。若「表面的自己」與「真實的自己」漸行漸遠，身心就會因矛盾衝突而生病。

古希臘的阿波羅神殿上刻著一句話：「認識你自己」，這件事很重要，但實則大不易。事實上，人一輩子多半只看到身體的臉部五官、皮膚身材、穿著打扮這些外形，至於自己的心理、情緒、脾氣、習性等等則很難完全瞭解。伴侶或他人就更別提了，大多要等到結婚或同居多年後才能略知一二。所以，大多數人終其一生只活在身體、精微體的慣性反應中。即使他說有在思考，但想來想去，終究跳脫不出慣性模式，也就是被輪迴的鉤子鉤住的狀態。

相對地，也有人因此發展出一些概念，其大意都是認為人生「應該重靈性、輕物質」，比如說「修行即苦行」、「講經說法應該要免費、不能謀利」、「藝術家要安貧樂道」、「作家要清高，不要談錢，談錢沒氣質，也傷感情」，此乃大錯特錯。雖然說物質能量是外在的、表面的，但必須得有。唯有以穩固扎實的物質基礎為立足點，人類才能創造美好的精神文明、靈性饗宴，大至民族、文化，小至社群、個人皆然。

## ⊙三重屬性

三重屬性「善良、激情、愚昧」是物質能量的三大分類。每個人身上的三重屬性比例不一，因此，人有不同的屬性和傾向。人不應盲目地接受某種外在標準，或把別人的「成功範例」照單全收，而是要根據三重屬性來瞭解如何平衡自己。

大多數人讀《薄伽梵歌》三重屬性的內容，都想調整自己以趨近「善良屬性」。大致上雖然沒錯，但要注意是否愈改善自己，就愈覺得別人都很差勁？如果一看到別人就覺得他們都很「激情」、「愚昧」、「不善良」，常覺得「錯的都是別人」，這裡面其實是有你的功課的。因為每個人的「假我」都傾向於把自己跟「善良屬性」劃上等號，這就會讓你看不到自己的盲區，讓你所謂的「善良」反而成了蒙蔽自己的假象。

所以，奎師那告訴阿周那要超越「三重屬性」，就是要拿掉「善良、激情、愚昧」這些標籤。雖然這些知識分類有助於我們瞭解物質能量的運作，但不要認為自己專屬於哪一類，也不要拿這些標籤去認定別人的素質。更何況這種分類只是一個大略的方向，任何人事物都有很多細微的差異，不是簡單的大分類可以說明清楚的。

總地來說，可從自己的情緒、人際關係、工作心態等項目去瞭解自己的屬性（註5.8）。基本上，比較偏向「激情」或「愚昧」屬性的人的確需要較多的調整。因為在善良屬性的能量中，人會比較樂意開啟智性去覺察，也較有學習改變的意願。然而，若認為自己各方面都已經處在善良屬性了，事實上，還要特別記得所謂善良屬性仍然是短暫虛幻的物質能量，而且極有可能是顛倒的假象。《薄伽梵歌》詩節（16.14-16.15）說：「我是主人，我是享受者；我成功、強大又幸福。我大富大貴，誰能和我比？我祭祀、我布施、我快樂。」說這些話的人自以為善良，樂善好施，卻是魔性之人。

## ⊙ 感官

身體有五個「感覺器官」（五感）和五個「工作器官」。五個感覺器官「眼、耳、鼻、舌、身」是個體接受外界刺激、接收訊息（由外而內）的途徑。另一方面，五種工作器官是「雙手、雙足、發聲器官、生殖器官、排泄器官」，其功用是授受、行走、說話、繁衍、大小二便，這是個體對外界反應（由內而外）的方式。本書所稱「感官」即為這十大器官。

一覺醒來就是睜開雙眼，眼睛可說是我們最為倚重的感官，收集大量訊息。舌頭的重要性也不相上下，我們都需要舌頭輔助咀嚼、獲得營養來維持生命或與人說話交流。從口腔開始的消化系統更是人體中把物質精煉為「精氣神」的神祕要道。品茗、品嚐的過程也是在把外在具體的「感官對象」化為內在「感受」的過程。相形之下，耳朵、鼻子、皮膚很少用來搜集資訊，也就是說，我們在感官的利用上也是有局限偏頗的。尤其是耳朵，常在不知不覺間，被動地吸納外界訊息，若不以「智性」加以明辨，往往就入了心，成為信念。但是，很少人知道要收攝雙耳。透過聆聽某些音樂、梵唱、涓細流水聲能清淨內心，但這要靠你主動選擇想暴露在何種訊息場中。聞香的過程讓人從鼻子吸進不可見的精微元素，這些天然的氣味含有大自然的訊息，可促進身心和諧。

眾生都要從事的四項基本活動是「吃、睡、防衛、性行為」。於是，雙手會採集或烹煮食物，也會操作各種機器工具去工作或娛樂。足部讓生物移動到不同地方，找到安全的庇護所，休養生息或休閒玩耍。生物透過發聲器官可與外界交流，表達自己的意志或主張。身體和心理都需要排泄才能維持新陳代謝的運作。生殖器官則可滿足性欲或繁衍後代。

有些人貶抑「吃、睡、防衛、性行為」，認為這樣是活在身體感官、動物性的層次，其實不盡然如此。正因為這四項行動是最基本的，所以人更要顧好基本盤才有健康。「約束感官」能提升這些生存行動的品質，所謂「活在動物性的層次」指的應該是無法約束自己的感官。例如，有人是這樣形容自己的：「我算性情中人啦，不擅於心計，但很挺朋友喔，只要你一句話我可以為你兩肋插刀。」或說：「我脾氣來了是有點嗆，會出言不遜，偶爾太激動也會說出不該說的話，但我是刀子嘴豆腐心喔。」年輕氣盛時或許會這樣，然而，隨著年紀增長，若還是常說自己是「有口無心」，那就表示還沒能「約束感官」。

## ⊙ 感官對象

感官對象是「形象、聲音、氣味、滋味、觸碰對象」，亦即「色、聲、香、味、觸」。上述五大精微能量與「地、水、火、風、空」五大粗鈍能量有各種組合變化，建構了現實世界這個遊樂場，供眾生在其中取樂或受苦。

「投其所好」就是一種用設計好的「感官對象」來迷惑「感官」的操作。有昆蟲受光吸引，就有人以此為餌去誘捕。若感官過度迷戀感官對象，便要受其操控，而失去了感官較高階的地位。也就是說，感官本來應聽從自己的「智性」，不受感官對象的誘惑，然而，感官對象太強大，感官就被拖走了，這類事情很常見。有時光憑一張美食照，有些人就要弄到手、吃進口裡。他無限想像享用這道美食的各種愉悅，他的「智性」完全無用武之地。或許要等到滿足了口腹之欲，他再去比較照片中的訊息和他的實際體驗，才有機會思考當初沒想清楚的是哪幾個點。

感官對「感官對象」有直覺式的好惡，而且感官一定會犯錯。若因感官對象的刺激就放任感官衝動去做人行事，那肯定製造悲劇。陸劇《夜深沉》講中國軍閥時代的人情與愛情，堪稱是「世間犯錯男女大集合」的經典。就只是任憑感官衝動行事，人生就整個反轉直下，最後竟要賠上多條人命。劇作家把各個人物的習性、弱點刻畫得很清楚，觀眾可以循線找出各人何以至此的緣由。

劇中主要角色都是感官一受刺激就去行動，雖然有思考，但結果還是要隨感官對象而去，以致於頻頻出錯，還弄不明白為何受苦。以男主角丁二和為例，他最後面對的一個困境是，他已知道上海的電影公司老闆劉明德奪走了他的遺產，還殺害向來與他不合的哥哥丁大和。他想去告訴他暗戀的乾妹子，名角兒楊月容，說劉老闆是個騙子，別再上他的當。他該去嗎？

若證諸事後發展──即將臨盆的妻子與老母都死在上海的醫院、月容也成了槍下亡魂，若能重活一次，打死他也是不去的。但是，當下他就是很想去（受感官對象刺激）。那個「想」裡面有對月容百轉千迴的思念愁腸，也有對劉老闆積累的憤恨難消（一直被他愚弄、哥哥被他弄死、月容竟然還為他工作）……因為知道妻子與老母不會讓他去，索性就不與家人商量，衝動地從北平去了上海。若他沒去，瞎眼的老母與臨盆的妻子也不會去的。

他若有機會反省，在熱血衝腦時能否冷靜，先看清楚自己的情緒與處境？不敢承認暗戀月容、對哥哥又親又恨、仇視「假面恩人」劉老闆……帶著這些情緒去行動能有好結果嗎？而現況又是什麼？告訴月容這些真相，她能好嗎？能繼續追求夢想嗎？不能！她會開始疑懼，既不能發展事業，卻也無法回頭了。再者，要去找月容，能不經過劉老闆嗎？要和他鬥豈不是小蝦米對大鯨魚，能有勝算？隨感官對象去行動的人都很急迫，也就只能看到近利，還常常「食緊挵破碗」，他看不到其他可能性。退一萬步講，就算劉老闆真娶了月容，那她的明星夢肯定得以實現，而他果真也賺了大錢的話，丁二和再去討遺產是否也是個辦法？若能體諒妻子懷孕的不安，至少等她生產完、休養好了再作打算，是否更為穩妥？上述思考並不艱難，只在於行事時能否「約束感官與情緒衝動」、「為人著想」，而不是只顧自己的欲望。

## ⊙心念

日常生活中，在運用「眼、耳、鼻、舌、身」之時，在動與靜、念與念之間，若能伴隨呼吸稍作停留，你會覺察到在所有感官的背後，確實存有的心念世界。如果感官不設防，感官對象便可直搗你的心念世界。外在的身體「感官」與精微體的「心念」互通，故後者又稱「第六感官」。「降伏其心」的「心」即「心念」，而非靈性「真我」、「真心」。

「心念」包括「情緒與念頭」兩部分，心念永遠浮動、變化多端，很難控制。但是，可以從生活中做某件事的「動機」來瞭解自己的心念。要找出真正的行為動機，若你不自問便再也無人問了。這個動機就是你心念的緣起，是「那一念」啟動了「欲望」——你到底「要」什麼？這只有你自己能探問下去。如果動機是貪念，跟著升起的情緒念頭也會不對，那行動一定跟著出錯。所以，要練習覺察自己的每一個情緒與念頭，在萌芽之初，就要能辨識深層的動機與欲望。不練習的話，多半要等到行動真出錯了，甚至都結出惡果了，才後悔莫及。「菩薩畏因」說的正是：學習智慧的人懂得在「心念」上去清楚自己，及早預防。

《卡塔奧義書》有個比喻說，身體是馬車，五個感官是五匹馬，「智性」是車夫，「心念」是車夫手上的轠繩，而「真我」是坐在馬車後座的乘客，「感官對象」則是四面八方的路徑。若駕駛座上的「智性車夫」虛弱昏沉，無力約束「心念轡繩」，五匹「感官之馬」自然不服從「智性車夫」的意志，逕自要朝五個不同方向（感官對象）奔去。車夫束手無策，乘客只能眼睜睜看著這輛身心馬車瀕臨崩潰解體。

以失眠為例，在失眠變成問題之前，感官與心念早已游移多時，各自都有盤算，身心呈現「什麼都想要」的狀態。時間很晚了，身體需要睡了，可是感官早已習慣放縱，易放難收，盯著螢幕、聽著音樂、享用宵夜時，還能滑個社交媒體。與此同時，心念還是有不滿足、不甘心的情緒，以及很多關於未來的念頭紛馳著，這樣怎能平靜入眠？

念頭大多會高估自己、低估他人，而無論是哪種錯估都是在擴大盲區。若常有情緒，你也會更看不到擺在眼前的證據。社會心理學家強納森．海德特（Jonathan Haidt）以實驗證明：人心中往往早就已經決定好了選項或立場，他並不想要追求什麼「真相」，所以，他的思考推理只是在為自己找個夠好聽的理由。這就是所謂的「直覺情緒先來，策略推理後到」（註5.1）。簡言之，一般所謂的理性仍然只是一個服侍「心念」的僕人，當「情緒念頭」自爆時，心念會變成瘋狂的大象，理性這個奴僕只能在後頭追趕。

其實，你本來是統御身體這座有九大城門的「心城之王」。「真實的你」可以坐在「心念」寶座上，號令你的「智性」大臣獻策，十大「感官」去覺知、去工作來滿足君王的欲望。然而，你似乎忘了「真實的你」是君王的身分而流落在外，甚至靠行乞為生！「回復真我」就是坐回「心城之王」的主位，拿回你對自己的「身與心」的統治權，為你的「真實欲望」盡心盡力，如此才能不枉此生。

## ⊙欲望

普瑞塔的兒子，喜愛吠陀經之人沒有辨識力，他說著華麗言詞，宣稱「沒有其他存在！」（2.42）如此無知之人沉迷於欲望，執著於天堂，為求再次投生為人，為得享樂與權力的果報而舉行各種祭祀。（2.43）執著於享樂與權力，內心已被迷惑者，即使全神貫注，也不會生出這種有堅定性質的智慧。（2.44）

《吠陀經》有三個部分：儀式部（Karma-kanda）、知識部（Jnana-kanda）、虔誠部（Upasana-kanda）。「儀式部」提倡行為準則、崇拜儀典以獲取物質回報或來世上天堂。上天堂意味著擁有更高端的物質享受，然而，天堂仍在物質世界裡，一旦善報用罄就得墜落，重啟輪迴。

「欲望」常被比喻為火焰，滿足欲望就像把奶油投入火中。冰凍的奶油一開始可略減火勢，但隨即愈燒愈旺。許多評註均主張要「控制欲望」，既然滿足欲望後，只會生出更多欲望，那還不如一開始就壓制住，眼不見為淨。欲望也常被比喻為皮膚癢，欲望一來，就忍不住要抓撓。有時止得住癢，但有時再怎麼抓，也止不了癢，甚至愈抓愈癢。然而，止癢的方式不是壓抑、強忍或假裝不癢，也不是盡情亂抓，因為抓過頭也會破皮或感染。正確的對治方法是「約束、平衡」，也就是抓歸抓，你還是要找出對的方法來緩和癢感，例如求醫擦藥或調整體質、抹潤膚霜、穿襪子隔絕等等。無論你如何解套，請記得要有所平衡，壓抑或放縱都是走極端，都會帶來反效果。

詩節（2.43）常被解讀為「無欲」或「少欲」較好，然而，若去瞭解整句話的脈絡，便可知道它講的其實是別沉迷於天堂、享樂、權力「那種欲望」，否則內心會愈加迷惑，也生不出智慧。事實上，既然生而為人，基本欲望一定是有的，而且，與其在尚未瞭解自己之前就去壓抑，何不去看清楚「真實欲望」是什麼？

欲望是人性。欲望有正面積極的作用，可驅使你去奮鬥，追求功成名就。但欲望也是溝壑，可能永遠填不滿，得不到的就永遠在騷動。所以，若你選擇今生只追求欲望的滿足，那就注定要把寶貴的精力與生命放在不斷追逐的遊戲當中。然而，若這一生只是隨感官、心念的欲望去「要」，那為何會有你靈性（意識）、智性（智慧）的存在？

章成禪師說：「人生不是來要的，是來瞭解的。」還有，「吸引力法則是用來瞭解的，不是拿來利用的，利用的想法是很危險的。」（註5.2）

「心想事成」是多迷人的一句話！風行多時的「吸引力法則」正是個人要利用宇宙法則來滿足欲望，或說實踐夢想！理論上說得很對，實際上卻有多少修練者誤入歧途？一直在「要」的結果，即使得到暫時的滿足，卻也擴大了內心更多的匱乏、緊張、恐懼感與危機意識。可是，如果「都不要」，都不再努力，那人生還有希望，還能向前、向上走嗎？進步的同時能夠保有知足的心嗎？豐盛能與「無我」同在嗎？《奉獻》一書早已指明「物質欲望」與「靈性覺醒」的確可以兼容並蓄，這樣一條物質與精神同臻進境的道路是確實存在的。

另外，認真修行的人擔心「物質欲望」終將帶來痛苦，總以儉樸生活自律，以兩袖清風為上。若生生世世都是這種心態，那他的財庫就會比較小了。而且，這一生想去渡化別人時也會比較難，因為光是自己的生計就要傷透腦筋了。沒有財庫作為後盾，有些人會去思考並反省自己對欲望的觀念是否需要調整。然而，有些人會選擇活得更加刻苦清貧，結果他的人生就卡在這一關過不去了。內心一方面有崇高理想，另一方面卻匱乏慳吝，結果什麼事都推動不了。若是如此，不用說解脫了，他的實質生活即已落入內在矛盾的狀態。

因此，真的別以為「修行人凡事不該期待」或「不期不待不受傷害」，而是要去看自己的人生境遇是否真正活出你真心所欲。「無我、無念、無欲」這類關於「開悟」的結論並沒有錯，但那是經歷不知多少的練習才會得到的「結論」，不是嘴上說說就做得到的，也不該拿來簡單造句呼口號。對這些修行概念稍有瞭解的人反而不會輕易說出口。（註5.3）

## 無欲行動瑜伽

你的職責在於行動，而非行動的成果。不要以成果為動機，也不要執著於「不行動」。（2.47）

放下執著，平等看待成功與失敗，以瑜伽訓練為本，從事行動。贏得財富的人啊，如此平等，是謂瑜伽。（2.48）

約束自我，摒棄行動成果的人獲得至高的平靜；不約束自我，任憑欲望，執著於成果的人會受束縛。（5.12）

這三句詩節被冠以「無欲行動瑜伽」之名，成為《薄伽梵歌》核心信息之一，也變成修練「行動瑜伽」的解脫之路。現代對「無欲行動瑜伽」的解釋是要「遵循瑜伽原則，並超越個人目標和私心，同時追求更大的『善』」。（註5.4）

「無欲行動瑜伽」的概念也應用在商業管理，其重點在於幫助員工找到他內在的價值，在得失之間尋求平衡之道——成就並非來自於銷售數字，而是更大的個人滿足感。這樣子，員工就比較不會受銷售數字起起落落的影響，而能保持當下的正念，善盡職責，坦然接受得失。長遠來看，「無欲行動」的概念能促成個人身心靈成長，也是企業持盈保泰的祕方。（註5.5）

可是，我多年後去對照「無欲行動瑜伽」所根據的詩節（2.47-2.48，5.12）之後，這才發現《薄伽梵歌》

原文並沒有「無欲」一詞（nishkama）。原文所述大意僅僅只是：

一、工作時要關注的是行動本身，不是成果。（2.47）

二、要修練瑜伽的平等心。（2.48）

三、摒棄或執著於成果，決定了你的狀態是平靜或被束縛。（5.12）

換言之，行動時，別在意成果，把注意力放在行動本身即可，也不要覺得一時的成敗就永遠不變。或許早年的我內心已經背負著「無欲則剛」這類信念，乍聽到有「無欲行動瑜伽」時也就不疑有它。然而，這種直接把某種修行境界，用一個響亮的口號包裝起來，真能利己利他嗎？現在的我是會打上一個大大的問號的。多年後，我對這三個詩節能有進一步的瞭解，其實是發現《金剛經》的「無壽者相」所傳達的訊息，真正與這三個詩節同義。

章成禪師說：「所以『無壽者相』在生活層面來說，就是『不要在意結果地去做事』——當下做當下的事即可。」（註5.6）

以上這句話其實把這三個詩節解釋得更好，也更簡明。禪師接著以老師、社會工作者，或是有理想的人為例。這些人的工作都有助人的性質，但若沒有對「無壽者相」的這份瞭解，便容易在助人後感到無比沉重，生出無力感，也會因為太看重最後的成果而無法活在當下，無法針對眼前的事去做就好。所以，人際之間，或助人之時，莫將別人的未來或人生全往自己身上攬。「當下做當下的事即可」可說是一句「真言」，在日常行動之際默念，相信會帶給好心的助人者更清楚的心境！

回過頭來看所謂「無欲行動瑜伽」。原文所述要旨僅僅只是「當下做當下的事即可」，那麼，「無欲行動」這樣的說法是否反而容易產生誤解？畢竟，望文生義，「無欲」就是「沒欲望」或「不自私」，然而，欲望與自私是人性，實在不能隨意抹滅。也有人說「無欲」是「不期待成果」，但這是要分成「期待他人」或「期待自己」來看的，前者當然不能去期待，但是要對自己有所期待，人生才會有方向啊！再者，奎師那早已點明，身為戰士就是會有兩種結果，戰死則上天堂，獲勝則得統治大權。這樣的結果自然也是可預期的，否則為何要戰？因此，結果與期待本來就在預料之中，也唯有如此解釋，才能接下來（2.48）講「平等看待」這兩種相反的結果。也就是說，不管結果是成功或失敗，無論落入哪一邊，你都能持平以對。

人有欲望，這是一個基本事實。光是舉手這個小小的動作，那裡面就存有很多你的念頭。所以，是一個一個的念頭，累積出了你現在所看到的結果。做任何事之前想要追求成功與勝利是自然的，是有了這樣的心志，你才會集結資源、發揮所長、努力奮鬥。所以，睜大雙眼去看看所謂的成果吧！那真的是你不想要的？而若你真的「想要」，為什麼不去「正視」自己的欲望呢？事實上，對工作成果懷有期待，內心有想要獲取私利的動機，這些並沒有錯，這反而是你能把事情做好的原動力。

所以，正如練習「悲喜平衡」並非去否認情緒，不是直接變成無悲也無喜，而是要去看清楚自己的情緒，老實學習平衡之道。同理，「無欲」是對於努力過後的成果，無論成敗都願意接受，「勝固欣然，敗亦可喜」，而漸趨「無念」。回到奎師那說此話的整個脈絡，他勸阿周那重回戰場，是要他「不期待成果」嗎？不！他明白地說了：「結果只有兩種可能，無論是哪一種結果，等著你的都是幸福快樂。所以你要去善盡職責」，亦即，即章成禪師所言：「當下做當下的事即可。」

其實，真正無欲之人的確不在意成果或報酬，但通常不會特意說出口，昭告天下。閱讀某些傳記時，不難發現真的有人就是沒在算計、沒在計較、沒在期待別人的。克林·伊斯威特執導的電影，其鏡頭下的英雄多為平凡人物。他們不只從未想要名利，甚至在事件初始還常被誤認為是壞人。透過一連串情節不斷揭露，才讓觀眾領悟到原來所謂「無私」的英勇事蹟，只是主角在「善盡職責」而已，例如《薩利機長》。

只要善盡職責，不只是把工作做完，而是能為人著想、做到專業、做到頂尖，那個過程便會提升你的能力，擴大你的意識範圍。一個學有專精又善盡職責的人，即能感知到很多細節或內幕，倒不是誰透露給他或他去挖出來，而是他一聽到什麼、看一眼什麼就能明白真相大致上是怎麼回事。人生就是行動，生活中占很大比重的行動就是工作。所以，關鍵是你工作成果的品質，是否符合你服務對象的需求？是否令他滿意？你服務的對象有何感受或感動，這些成果，你心裡其實很清楚。你做的任何事情真的是天知地知、你知我知，也會有很多人看得到的。

因此，別以為只要「不期望他人回報」就是在練習「無欲行動瑜伽」，也要留意自己是否有些執念，認為讀書人就應該兩袖清風，貧賤不能移？真實地去面對自己的欲望，運用智慧去評估哪些是妄想？哪些確實可行？這樣你才會快樂幸福。記得在印度的課堂裡聽過這樣一句話：「欲望是愛的倒影」。弄錯了方向的愛，就成了自私的欲望。不喜歡自己「太自私、有欲望、有期待」，方法並不是高喊「無欲」，而是學習去「愛」。

## 假我

以前我所讀的瑜伽哲學把「假我」定義為「認為自己是這個身體，及其相關的一切」，例如認同「五官、身材」等於我這個人，或認同「穿著打扮、名字、學歷、職位、地位」等於我這個人，這些都是在身體、精微體的層次，不是真實的我。也有人把「假我」解釋為「驕傲」，即「自以為是主導者的驕傲感」，一個人很驕傲的話，會被說是「假我很大」。只不過，以上概念也可以是「中性」的。換言之，名字、地位等等並不完全虛假，它有它的實用功能。此外，認同「身體或其相關的一切」實為自我的整體性之所需。畢竟，承載著「靈性」的身心需要有外界一定程度的認同，或說有一個「身分」，有存在感。若只因「假我」是物質能量，就要全盤否定，那麼，修行之路是會走偏的。

某日讀到這句話：「那麼，要怎樣去運作一個組織，或是要不要加入一個組織呢？很簡單，如果你保有一顆柔軟的心，你就能在碰到『自我』時，感受到他們的堅硬。」（註5.7）章成禪師提及「自我」時，有時我會解釋為「假我」。所以，「假我」是堅硬的東西？

「大日講堂」有一堂課教「敘述是一座自我的城堡」。

直到聽聞這個譬喻後，我才明瞭為何保有柔軟之心的人碰到強大的「假我」時，會感受到其堅硬。因為具象化而言，「假我」是一座用「敘述」所蓋出來的「心城」，而城牆很厚很硬。這意思是，我們有時是用敘述在打造自己的心城，並用城牆隔絕外界。若你的心夠柔軟，當你與人做心對心的交流時，便可感受到對方「心城」（假我）的堅硬。

例如，和某些人聊天時，你會發現他很喜歡「話當年」，但無論話題怎麼繞，他總愛扯回他想訴的苦（例如，媳婦或婆婆又對我怎樣……）。有些人喜歡在臉書上大談生活遭遇及感想，或勤快發表他對時事的看法。原本這是一種抒發，但有些人會變成在「迴圈」，說來說去都很自得其「苦」，卻完全沒想要走出來。其實，他的「假我」一直在說的是：「我才是對的，而且這點很重要！」他引經據典、指證歷歷，但若你給的回應不是他想要的，雖不至於當場反駁你，但你能感知他的內心在幽微地訴說：「你怎麼這樣？都否定我！」因為「假我」就是要證明自己、維護自己的顏面。

所以，「假我」是一座有銅牆鐵壁的心城，別人很難走進去，自己也不容易走出來。生活中出現無奈、無力感時，也可能是「假我」把出路都封死了，看不見的盲區就永遠都看不見，明顯的人生出口也會錯過。「假我」透過敘述不斷鞏固他的認知、立場、價值，保護他想要的利益。若實際人生過得不好，他還會用更動聽的敘述去強化城牆，讓你只能同意他。但是，正常人一進去都覺得好暈喔！也就是說，你聽他的這些話，是聽得出來很多不通之處的。不過，即使你有心帶他出來，他卻覺得裡面比較舒適，不想出來。

剛開始用敘述蓋「假我城堡」時，當事人都覺得只是抒發己見、吐吐苦水而已。等到城牆愈來愈厚，虛構的假我愈大，他就更不願走出來面對世界。許多身心症患者就是這樣一座座城堡，主人把自己關在城內。若你告訴他與城堡（假我、尊嚴）有衝突的事，他就蓋得更高更牢來拒絕你。只想捍衛面子、只想證明「我沒錯」就無法擁有開放的心態，更無法學習成長。看看動物囤積症的患者，他會在空間不足的情況下，飼養超過他所能負擔的動物。即使他和動物都活得很糟糕了，卻還是不斷用敘述去增高假我城堡，拒絕承認他無法好好照顧動物這個事實。

還有些人小時候家裡很窮，曾遭人嘲笑。因此，他從小就覺得錢很重要，一直要活成某種有錢人的模樣。長大後選擇工作也只選薪水高的，必須加班賣肝也無所謂。你若告訴他說「貧窮」是可以慢慢好轉的，但要看是否有智慧去理家、理財。更重要的是，人生並不是有錢就好，健康和家人更重要。但他就是聽不進去，還不斷強化原有的執念，只想當他想像出來的有錢人。有些正義魔人或老人家也很喜歡敘述，他們蓋了城堡把自己困在裡面，過得很不開心，而外面的人只覺得他的古堡很恐怖。你若提到別種可能性，他想都不想就說「不可能啦」，就是不去看看城堡外面的美好風光。

有些心理治療的方法是鼓勵參與者講出自己的心聲、遭遇。這個作法的好處是，說話者可以得到大家的接納。然而，現場絕不會有人當面去批評誰，所以他是不會進步或改善的。他的「假我」在這種團體裡面反而會更加受到肯定！他會愛上這個團體，經常來敘述、抒發。結果，真正走入現實的社會時，他還是沒自信，也沒價值感，因為他只是一直在鞏固自己的幻想而已。

你若想助人，就要會分辨他的敘述是要討拍，還是真的有幫忙檢視的空間。有些長輩對你敘述時，細節都能講得很豐富。但那僅僅是他主觀上的敘述，只是要證明他沒有功勞也有苦勞。他講的重點都是「他是對的，別人都辜負他」。真要說起來，你也虧欠他很多，所以，你只能乖乖聽他的話了。事實上，他做人固執、脾氣超大，卻從來不想改，也看不到自己並不受歡迎。若你沒智慧，還以為應該要將心比心去瞭解他，結果就會被他情緒勒索，受困在他的古堡裡了。

此外，也要留意「時機、對象」是否適當，因為假我很大的人容易誤以為你是在挑釁他，反而來攻擊你。蘇格拉底從未宣稱自己有智慧，而他之所以走上喝毒汁自殺的路，起因是有朋友去問神：「有沒有人比蘇格拉底更有智慧？」結果神諭出來的答案是「沒有」。於是蘇格拉底想去找出比他更有智慧的人，他問遍雅典城的人後得到的結論是：「我比別人有智慧的地方是，我願意承認自己什麼也不知道。」這下子，不等於坐實了那些高級知識分子都在假掰，不願意承認自己有無知之處嗎？

反過來說，你會去質疑自己的敘述嗎？「看見並接受假我」是人生一個重大轉捩點。下次發現自己又在敘述時，能否看出你所描繪的「假我」是個怎樣的人物？為了成全「假我」，你是否隱藏了部分真相？激情地要打破紀錄、急於證明自己、收集學歷證照，終究都會迷失在假我的追求裡。

## ⊙ 智性

「智性」的梵音「buddhi」，也稱為「覺」。「智性」是最接近靈性的物質，能超越心念、情緒、假我。

生命（靈性）能量是無限的，顯化為眾生的身體與精微體的物質能量也是無限的。最初，靈性能量攪動了物質能量，最早生出的便是「智性」。「開啟智性」即為從「覺」著手，能看到更多角度，創造出更多方法，以回應變化萬千的身心靈與人事物。人生當中會遇到各種情境，我們要看清楚雙方的「恐懼」、「無力感」、「憐憫」等等情緒，也要看見一件事的許多角度。凡事自己都要先去「覺」，而非放任感官去回應。是透過「覺」這個行動的內化，人才能獲得成長。

「智性」本是高於感官、心念、假我的能量，開啟智性的人自然能夠駕馭其身體與精微體。感官常被比喻為脫韁野馬，強大又躁動，只活在感官層次的人，會因為「感官對象」刺激就去行動。

雖然有些只是無傷大雅的小動作，但若成為習慣就要特別注意了。譬如說每次看到可愛小貓，手就伸出去了；聽到有人罵你，一把火就冒出來，其他的就都看不到了。不開啟智性，感官將反制比它高階的「心念」，接著再倒行逆施去壓制虛弱的「智性」，讓它反而被感官奴役，只能為衝動的言行找藉口。這樣子，即使他說他有學習智慧，但他總是「由外而內」——因有感官對象刺激，感官受誘惑了，心念才跟著跑；接著，弱化的智性只能被拖走、反被利用來為這一切逆向作為找好聽的理由。這並不是智慧，只是系統性的資訊堆積，只是隨外界、因果顯化而來的汲汲營營，到最後就是「只有業隨身」。

前文提到若欲望不得滿足就憤怒，而怒氣把整個人往下拖的進程是這樣的：一旦生氣，就會「感到迷惑」、「記憶錯亂」、「喪失智性」。亦即發怒時，人就會變得不清楚，會忘記自己的利益所在，也不知道「什麼該做，什麼不該做」。接著，記憶會錯亂，張冠李戴，甚至把無辜的人攪進來，結下更多怨恨。到了「喪失智性」時，會失去覺察的能力（不能覺），變成「感官」在主導身心。所以，他所說的話、做的事，都是感官在發洩，而不是從高階的智性出發去為自己與他人著想，當然也沒了「善念」。這種狀態是活在「刺激——感官——錯誤行動」的惡性循環裡面。一個人有沒有可能擁有高學歷，卻「不能覺」呢？答案是肯定的。這一條人被往下拖、以至於「不能覺」的進程，亦可以參考本書第六章「心念隨感官起舞」一節。

## ⊙ 忍耐與呼吸

奎師那說：

你一邊說著大道理，一邊卻為不值得悲傷之事而悲傷。智者不為亡者悲傷，也不為生者悲傷。（2.11）

我、你和這些君王從來沒有不存在，今後也不會不存在。（2.12）

正如靈魂（靈性及精微體）在身體裡，經歷童年、青年和老年，同樣地，靈魂會獲得另一個身體，智者不會因此而迷惑。（2.13）

貢蒂之子，感官對象引發我們冷熱、悲喜的感覺，那都是短暫且無常的。婆羅多的後裔，你要忍耐。（2.14）

詩節（2.11-2.13）講身體從出生到老死一直在變化，但「靈性永恆」，智者不會被身體的變化所迷惑，或因而悲傷。

詩節（2.14-2.15）談及「感官對象」會給我們「冷熱、悲喜、苦樂、幸運或不幸」等種種感受。奎師那的第一個建議是：「要忍耐。」原因是：「感覺或情緒都是短暫且無常的。」所以，一有情緒，應先約束感官，不應馬上爆發出來。

然而，「忍耐」應該如何實踐，才不會變成「壓抑」呢？

章成禪師的《學會在情緒中呼吸》一文可與這段梵文詩節無縫接軌，且相呼應。文中不僅與經典同樣使用「忍耐」一詞，甚至更進一步說明如何藉由「呼吸」來做到「忍耐」。

章成禪師以學習游泳的「憋氣」與「換氣」為例。情緒一來，很快地，內在有一股動能會驅使你口不擇言，暴走闖禍，所以，「忍耐」就是在情緒的大浪打過來時，要「憋氣」。然而，光只有憋氣是不夠的，憋著一口氣也游不遠。也就是說，忍太久會變成壓抑，會憋出病來，而情緒還是會有爆發的一天。因此，第二步是要學會在情緒裡面「換氣」，具體做法是你要「自問」：「我現在是在製造問題？還是在解決問題？」

例如夫妻吵架時常翻舊帳，結果愈吵愈兇。首先，你的「忍耐」就是「憋氣」，先忍住不回嘴。這個憋氣就能創造出你一個內在空間。再來，要自問：「我現在是在製造問題？還是在解決問題？」在生活中遇事時就這樣去練習，在實際場景的當下，你這一問會開啟更深的覺，讓你得以「換氣」，也就有了轉換命運的機會。

問自己這句話後，你會很清楚，本來要說出口的那句話是在製造問題！你會回想起這些對答以前都發生過。你說他有錯，某個關鍵字就會讓他跳起來，他就會想辦法更激怒你。那你想要這樣繼續下去嗎？當然不想，同樣的時間可以創造幸福時光啊，那接下來這局面「該如何善了」？

當你有意願想要朝「和諧雙贏」的方向前進，在那一瞬間你也會突然看見另一邊的「地獄」

——若你不先「自問」、先「覺」，就會再次陷入那個慣性輪迴。你的一念之間，讓你有了「覺」，選擇了「要解決問題」，你的情緒就會失去主導地位。你愈調動智性，愈去覺，情緒就會愈淡。「憋氣」與「換氣」——「忍耐」與「自問我現在是在製造問題？還是在解決問題？」——這些都可在你的內心運作著，與此同時，你的嘴就沒機會破口大罵，身體感官也不會去攻擊對方了，因為你的「智性」已經出來作主而能約束一眾感官。

如果對方氣還沒消，繼續把情緒發洩到你身上，你要堅定地專注於自身，在情緒的海浪中繼續「憋氣」與「換氣」。先忍一下，創造內在空間，自問「要製造問題，還是解決問題」以持續喚醒「智性」。想一想，若你放任感官、情緒去與對方叫罵，問題只會更多，也更複雜，你想要人生這樣直線下墜嗎？你要能「踩住情緒的煞車」，重拾解決問題的思維，讓智性作主。因此，每一次的「換氣」，就是你再一次的「覺」，不斷啟動智性，你就能夠更深度地聆聽，說出適當的話讓情勢緩和下來，甚至能帶動對方一起改變。

「在情緒中呼吸」這個方法確實可行，你會更有能力挽救快搞砸的氣氛，避免痛苦又無意義的人生經驗，你會更喜歡這樣「有能力的自己」。如果你的伴侶也和你一起練習，那麼你們的相處會培養出各方面的正向循環。同樣地，你也可以把這個練習應用在所有人際關係上，只要覺察到自己有一點小情緒，就馬上練習。你會很快就體驗到自己的心情立刻好轉，別人的態度也瞬間轉換，那麼，這個「憋氣」、「換氣」的動作就可以內化為你的好習慣了。事實上，不斷累積成功駕馭情緒、順利處理事情的經驗後，你會瞭解到「不受情緒操控，才能處理好事情，啟動好事的循環，繼續前行」。這個方法不只能讓情緒愈來愈消失於無形，其實「也是幫助你練就應付無常的能力，而能夠進入豐盛之門的修行」。（註5.9）

## ⊙平等心的次第

奎師那說：

最優秀的人啊，智者平等看待悲與喜，不因感官對象而受苦，他到達永恆。（2.15）

上個詩節（2.14）與本詩節（2.15）之間有個落差，就是從「要忍耐」到「智者平等看待悲與喜」，從「壓抑」到「平等看待」這之間有一個跳躍，是從「約束感官心念」一躍而成「智者」。這一點，很奇妙地可用章成禪師所教的「換氣」來銜接。其道理是，換氣時的那一自問便是在開啟「覺」，啟動智性，而能生出有智慧的思考與作為。如此一來，就能接續到奎師那所說的進階方法，即練習「平等看待悲與喜」而「成為智者」。「智者」——智慧堅定之人——他具有「平等看待」悲與喜的能力，所以不會被感官對象迷惑，也不會被情緒操控。

對「平等心」的瞭解是有次第的。有些人按照翻譯出來的中文把（2.15）理解成「對於悲喜要一視同仁」，而且他真的是硬要把「兩個相反的狀態」看作同一回事喔。他認定要修練「喜即是悲」、

「悲即是喜」這樣的人生態度才對。他不只這樣去看待悲喜，說話時也常常這樣造句，把兩個極端狀態扣在一起講，就覺得這樣聽起來很高深。可是，隨著時間過去，三年、五年、十年，你若有幸去觀察他，便會發現他的樣貌雖會「老化」，但那冥頑不化的心態只會「硬化」。實際上，死讀書的人無法持續深入地瞭解，更無法融通意會。死抱著字面上的解釋，以為這樣最好、最安全，其實是連「瞭解」的意願都沒有。

還有一種類別是「我不會被悲喜、苦樂等情緒所困」。無論何種情緒來襲，我都能「穩處於靈性」、「安住於自性」、「專注於大我」、「把握自我，永遠保持真性」，所以我能「平等」看待悲喜，不受攪擾。他覺得修行應該要徹底棄絕短暫的物質能量。只要內心有些微動盪就警鈴大作，一定要堅守住自己所謂的修行方法，穩穩不動，眼裡只有他認定的神聖目標。可是，若與他稍微交流，便可感受到他的各種「緊繃」，好像一定要證明「他所相信的，就永遠是對的」。也聽得見他的神態、語氣在說：「我手上握有重大祕笈喔，最機密的祕密只有我知道，你們只能透過我才能練這種功法。」若化繁為簡，你會發現這類人士和上一段提到的人，同樣都對人類的基本生理、心理現象「不明辨、不坦承」。然後，埋頭苦幹要達到一個想像出來的目標、位置或境界，對自己心底最真實的情緒卻是不屑一顧。連最基本的分辨都做不來，那就是「走偏了」，是在為日後更多的錯亂、瘋狂之舉鋪路。只要是人，都得在大自然力的作用、影響之下生活，有煩憂、有悲喜並不是你哪裡不好，也不是你哪裡做錯。

所以，若你願意覺察、「坦承」自身的確有這兩種相反的情緒存在。悲是悲，喜是喜，這就是「明辨」的基本功，那才能對事物的瞭解有穩固的基礎。接下來，你可以去看「悲與喜是同一件事情的不同階段」。換言之，每個人、每件事情，都處在演化的過程當中。而你所見到的當下的那一事或那一人，你所感受到的情緒是悲或喜，就只是當下的一個切片，一時的呈現，而非完整全貌。「悲與喜是一件事情的不同階段」，也可從「塞翁失馬，焉知非福」來瞭解，類似的故事有很多。所以，若一有情緒，就要按照這個情緒去做什麼，真的大可不必。若有悲的情懷，你要知道這只是一時的。隨著時間演化，或移動到另一場景，你也可能歡天喜地。變來變去的情緒的確存在，要坦然接受，無須壓抑，卻也無須衝動行事。

接下來，還有比「悲與喜是一件事情的不同階段」更高一層的瞭解，那就是「學習智慧」的基本心態。簡言之，無論內心有何種情緒，你能否看到可供學習的角度？任何事情如果都存有學習的心態，那結果如何就會變成次要。「勝不驕、敗不餒」雖是老生常談，那裡面卻有著大多數人都做不到的真理——亦即，成功或得意時，能否不驕不躁？失敗或失意時，能否不氣餒喪志？一時的勝敗帶來的大喜或大悲，也會讓人急轉直下，變成樂極生悲，或一蹶不振。然而，若你始終願意學習，確實去反省並修正某些小習慣，那麼，無論悲或喜，對你來講是真正同等的，你就能做到一視同仁了。

詩節（2.15）最後說能平等看待悲喜的智者，他會到達「永恆」。「永恆、不朽」都是梵語

「amrita」，即印度神話所說的「甘露」或長生不老藥。佛教也用這個字來表示「涅槃」而有「甘露味」等說法。然而，回到原來的印度神話中，神眾與阿修羅當初都是為了求得甘露，才會合作攪動乳海。經過千年翻騰，最後出現的甘露卻落在阿修羅那一邊。阿修羅想霸占甘露，毗濕奴便用計使神眾取得甘露並即時飲用。有個阿修羅腦筋動得快，幻化為天神的模樣，混進去偷喝了一口。日神和月神一發現便速報毗濕奴。說時遲，那時快，毗濕奴的化身「茉荷妮」隨即出手取下那阿修羅的首級，而在那一瞬，甘露都還沒通過他的喉嚨呢，可這阿修羅的頭顱就因此長生不老了。後來，他為了報仇跑去吞食日神和月神，而有了人間的日蝕和月蝕。

回到詩節（2.15），那裡面還有一個「非線性」大跳躍，那就是，若真能做到「平等看待」自己的「悲喜情緒」，那成果會等同於「喝到甘露」而到達永恆涅槃！凡夫俗子的悲喜之情，竟也是修行之路的入口處嗎？

## ⊙ 悲喜平衡

練習瑜伽體位法時需要平衡身體各部位的施力。好比「坐姿前彎」是坐好後將兩腳往前伸直，看起來好像雙手在出力，要往前伸直去碰到腳尖，實則不然。坐姿穩固後，主要出力的部位其實是在雙腳腳跟與脊椎尾端，雙手則是由指尖帶領放鬆地往前伸展而已。基本上，任何體位法都要先辨識出兩個主要的相反力道，旁人或許看不出什麼，但修練者自己要很清楚是在平衡什麼。

《薄伽梵歌》首二章多次出現「悲傷」一詞。「悲傷」等情緒並非只重發洩，也需要去平衡，那要如何平衡「悲傷」呢？詩節（2.15）說若能「平等看待悲與喜」，便不再受迷惑之苦，還能有「非線性大跳躍」到達永恆。雖然關於「平等」的瞭解有不同次第，但是「大日講堂」有一堂關於「悲喜平衡」的課，務實地把生活中的悲喜情緒化為具體的「智慧瑜伽」練習——「留意、清楚自己的情緒」並從中平衡，以培養更細緻的覺察與實際的調整能力。

章成禪師說：「悲與喜要平衡，人生才不會走偏。」

人生走偏的話，就會一直來輪迴。走偏的原因之一即「悲與喜沒有平衡」。或悲或喜的傾向雖說與年紀、個性有關，但是愈有智慧的人，開心時就微微一笑，悲傷時也是淡然處之。可是，慣用二分法的人是非就很分明，情緒上也會傾向於大喜或大悲。

生活中其實有很多引發悲喜的時刻。悲要有喜去平衡；喜要有悲去平衡，否則，偏悲或偏喜都會失衡。所有競賽都是二分法，都要分出勝負，所以，講求「勝不驕、敗不餒」也是要悲喜動盪的幅度縮小一點。以前的人辦喪事，宴客之餘，會請人來表演，逗客人發笑，這就是要平衡悲傷的情緒，遇見大悲或大喜之事就要去中和掉。若最近過得不好，那就記得要去看些無腦好笑的影片或漫畫，這樣，思考反而會清明起來，才不會去鑽牛角尖。很多過不去的事，一陣哈哈大笑也就過了。可是，若每天都很歡樂也會傷身，那就要看些悲傷的電影、紀錄片，聽低迴的歌曲，讓心情沉澱下來。平常可「留意」自己的狀態，練習讓動盪的情緒回到「中庸」，否則情緒上的失衡也是身心症的開端。

或許你會納悶，怎會有「過喜」這種事，喜事連連不好嗎？有喜事當然是好的，這裡講的「過喜」是一直只想要「開心就好」的狀態，而變得「妄」、「躁」起來。這樣的人會無法靜下來，一味只求開心，最終卻失去同理心，變得不知人間疾苦。甚至會有情緒障礙，明明覺得難過，悲傷卻流動不出來，變得更躁。「躁」會讓他去追求更大的喜，無法承認或表達埋藏於心中的悲。

只想追求大喜的人也會不想正常工作，因為工作需要忍耐、為客人著想、思考做事的方法。所以，他就呼朋引伴，逃避他不想面對的工作。音樂總要開到最大聲，好像噪音可以擋住那些他該做卻不想面對的事。把聲音（感官對象）開到最大時，人是沒辦法思考的，這就是他自暴自棄了，要感官對象反過來壓制自己的「智性」。而失衡的人為什麼還覺得聲音不夠大，因為他發現他還能想事情，他的「智性」還沒被「感官對象」淹沒吞蝕，然而，這是有情緒障礙的問題了。他不想工作，卻想尋歡作樂，那就會很想要賺快錢，要豁出性命去鋌而走險。

所以，有「過喜」這種狀況時，反而要去面對、感受深埋的傷心往事，才不會留在躁裡面，需要一直嗨。有空的話，也可以去看看努力打拚的人生故事，留下感動的淚水，這樣才會回復正常。

有些人賺了錢（喜）後會去做公益，就是知道世上還有很多不幸的人（悲）需要關注與幫忙，這也是悲喜平衡。悲喜平衡了，才會有真正的放鬆。

一直追求進步的人對生活和工作都太嚴肅認真，表面上很積極正面，其實是太多悲了。他容易與一般人合不來，覺得笑鬧片膚淺低級，只聽古典音樂，只讀文學名著。他有很多主觀，自己卻看不到，對普通人有很多批判，卻無法瞭解人家的脈絡。他常覺得「眾人皆醉我獨醒」，事實上，是自己陳義過高，別人根本聽不懂。這種生活態度就是比較偏悲的狀況了。這樣的話，就要撥出一些時間去吃吃喝喝、四處走動，有機會也跟人家去湊湊熱鬧，去感受生活的甜美。相反地，有些人每天喝下午茶，生活好像很自在；但真相是他活得空洞虛榮，稍微靜下來就會焦慮。所以，該做的事如家務、運動要先做完，再從事休閒，這樣才能真正地放鬆。人生就是要這樣地兼顧工作和生活，悲與喜交互平衡，才能健康地往前走。

練習悲喜平衡的成果是情緒遞減，而「覺」遞增，更能覺察日常中更細緻的悲與喜。以前可能偶而才發現心中微妙的情緒轉折，若常做這種平衡，便可即時察覺自己的身心狀態的「過與不及」，且能即刻平衡。能達成這些平衡也都需要運用智慧，心中常有這樣的智慧升起，慢慢地就會轉化你的氣質，變得不慍不火、不卑不亢、不汲汲營營也不低聲下氣，而能走在不落兩端的「中庸之道」上。對立的兩邊並無對錯，沒有哪一邊比較不好，而是你要思考，「平衡的點在哪裡」？

例如，某晚聚會很開心，回家後你就看些悲情的戲劇，若這個平衡有做到位，那麼當你回憶起聚會時的開懷大笑，就會覺得那樣是不錯，但也不需要更多了。甚至再次回想時，會覺得笑得有點過頭呢。此後，再遇到類似的場合或情緒激昂的朋友，你就不會嗨過頭。常常這樣去平衡，你的心靈品味就會改變，與友人相視而笑，這樣淡淡的交流就很舒服，追求享樂就會有個尺度。另一方面，你會發覺容易嗨的玩伴也是某種層次的酒肉朋友，所以會比較想親近「君子之交淡如水」的人。君子是比較成熟的人格，雖然跟人的關係比較清淡，但沒有跟別人合不來喔！他與友人有知性上的交流，卻不會有過激的情義相挺、山盟海誓，而能享有「彼此尊重、互相欣賞」的那種美好。

內心有大喜或大悲時，倘若不去留意與清楚，慢慢地悲喜會失衡，生活就會出狀況。執著於二分法觀念、好喜惡悲之人去廟裡，就會一直為自己求很多東西，比如明牌或發大財。他總要乞求消災解厄，卻不瞭解悲喜無常，而其平衡之道是自己可以主動去調整的。然而，有德之人願意修正自己，耐心地覺察自己，練習平衡。他知道人間悲苦，若去了廟裡，他只求國泰民安。如果持續練習，那麼他就能透過「悲喜」愈來愈細緻的平衡，回到「無悲無喜的原點」，即為「涅槃」。因此，要到達涅槃之境需要經歷很多很多悲喜平衡的練習，而不是一開始就練習「無悲無喜」。把「成果」當成修行方法會徒勞無功，浪費寶貴人生的。

（註5.1）強納森．海德特著、姚怡平譯（2015），《好人總是自以為是》，大塊文化，p148。

（註5.2）章成、M．FAN 合著（2017），《奉獻》，商周出版，p53-54。

（註5.3）章成禪師網路文章：〈「錢」是生不帶來、死不帶去，但「富貴」可以〉。

（註5.4）Kriyananda, Swami (3 August 2005). "Material Success Through Principles of Yoga". The Times of India.

（註5.5）Talukdar, Sudip (6 February 2007). "Mindfulness with Present Is Nishkama Karma". The Times of India.

（註5.6）章成、M．FAN 合著（2022），《金剛經》，商周出版，p47。

（註5.7）章成禪師網路文章：〈從「占領華爾街」談這時代真正需要的覺醒——給想要改變世界的光之工作者〉。

（註5.8）江信慧、楊逢財著（2019），《印度智慧書》，商周出版，p54-61。

（註5.9）章成禪師網路文章：〈學會在情緒中呼吸〉。

# 六、Brahma 假象——真實

梵音 brahma 即真實。梵音「prajna」，「般若」即觸及「真實」的「智慧」。「心的智慧」不是知識，是先「覺」而後開啟的智慧。知識是死的，智慧是靈通的，是一種創造能力，一種能讓生命跳脫線性發展並到達更高次元的藝術。擁有智慧的人是行動藝術家，他面對多變潮流、各種挑戰時，有能力分辨真偽正邪，卻能平等看待。遇到危機時，他冷靜自持，綜觀全局，不固執己見，能在衡量各方後做出恰如其分的行動，帶來和諧雙贏。看智者處世，就像觀賞藝術品般，既蘊藏多面向的複雜性，又兼顧平衡的美感。儘管「智慧」一詞難以完整描述或定義，但若有幸得見，你還是會驚歎：某人即為智者！某事處理得很有智慧！

《薄伽梵歌》第二章除了「靈性知識」與「善盡職責」，還有個幾乎完全被忽略的訊息——源於「智慧瑜伽」（buddhi yoga 2.39）、「要永遠清楚、要留意你的自己」（atma-van 2.45）所開展的第二章後半內容。「你的自己」包含你「表面的自己」以及「真實的自己」。

## ⊙ 覺得很對卻是虛妄

眾生的維繫者啊，我們既然明白此等罪惡，為何還不避免呢？（1.39）

家族毀滅，永恆的「家族正法」也會毀滅；家族正法一旦消失，「不如法」的作為將主導整個家族。（1.40）

奎師那，「不如法」的作為一氾濫，家族婦女便會墮落。維施尼族的後裔啊，家族婦女一墮落，

種姓制度就要混亂。（1.41）

種姓混亂會讓毀滅家族的人，以及全家族都墮入地獄；祖先由於失去了食物和水的供奉，也會墮入地獄。（1.42）

這些人毀滅家族，造成種姓混亂；這些人犯下的罪過，會瓦解永恆的「社會階級正法」和「家族正法」。（1.43）

以上這段話似乎言之成理，但實則純屬阿周那的臆測。這段「全部墮入地獄」的一連串推論出現在《薄伽梵歌》第一章末了，奎師那「予以否定」的回應則出現在第二章一開始，因為分屬不同章，所以常有人誤以為這段話屬實。若誤認此推論為真，就會以為現代某些現象是在印證上述詩節。自以為很對，實則落入執念的坑洞，只看社會黑暗面就無法跟著時代進步而自然地水漲船高了。為何有如此錯覺謹於本章下一節「照見五蘊皆空」講述。

這段話也是阿周那拒戰的第五個理由——「會讓後代活在痛苦的地獄」。他已被無力感擊倒，現在又愈想愈恐懼，深信自己的猜測會成真，結果只落得更加悲傷絕望。他害怕的不僅是手刃至親，也擔憂未來，因此他的念頭轉到了：「打這場仗會連累後代子孫！」所以，「我可不是為了自己落跑的行為開脫，而是為了下一代著想」?!

然而，奎師那的回應（2.2）是，你被「悲傷」這種情緒汙染了，也有評註解釋為「你陷於妄想、錯覺之中了」。無論是陷入悲傷或妄想，這樣子都無法善盡職責，更不可能晉升到幸福天堂。所以，奎師那要求阿周那放下內心的膽怯，振作起來。顯而易見，他否定了阿周那這種推論。實際上，阿周那所謂「混雜的種性」或「要不得的孩子」，這一點若真要說，當今世上要符合千百年前對男性和女性的種種要求，以期產出「完美後代」，早已經是完全不可能的了。若不符合那些標準，那現代人個個不都成了「要不得的孩子」！做長期規畫時實應多為後人著想，可是另一方面，若任由恐懼擺布去想像未來，只會讓人凡事膽怯而毫無建樹了。

## ⊙ 照見五蘊皆空

阿周那這番臆測也反映了當時的價值觀——「當代主流知識」。所謂的「主流」就是當代的「色、受、想、行、識」的累積，這些難以察覺的「五蘊」會把你「覆蓋」，讓你以為你所經驗、領悟到的即為不變的真理。然而，活在某個時代一定會有那個時代的盲點，你思考與反應的範圍都在「當代的五蘊」籠罩之下，根本無法超脫當代。（註6.1）

大多數情況也不是當事人掙脫不了「當代的五蘊」，而是他連有「當代的五蘊」的存在都不知道。他怎麼思考就只能想成那樣，根本無法突破鋪天蓋地的五蘊罩頂所帶來的困境，更不可能「照見五蘊皆空」。因為絕大多數人都「無法照見」，與你同時代的人也都是這樣想啊；因此，你會不疑有它，然後就會在你認為「最正確」的地方跌倒，甚至會害怕到不敢爬起來。你認為自己的想法、行動都很正確，可是卻愈常跌倒，也愈害怕。若是如此，你有能力回過頭去質疑「這個正確」嗎？大部分人是做不到的。

例如，上個世紀八〇年代，距今不過四十年，當時「健康飲食」的主流看法基本上就是多多攝取蔬果。崇尚天然蔬果養生者，更是積極取其汁液為主食。這個看法，用現代更為進步的「是否刺激血糖快速上升」的觀點來看，當然很可疑。只不過，身處當代氛圍之中，電視廣告密集轟炸，女明星和朋友們照做的效果也都很棒，你自然就會仿效。然而，你能否客觀地驗證效果？如果在你身上的效果不太好，甚至是反效果，你能否站定自己的立場，持續找出最適合自己的飲食法？結論還是一樣：大部分人是做不到的。

其實，我們都以為是按照自己的意思，在這世間幸福地生活。可是，除了「表面的自己」會誤導你，環境中所接收到的海量訊息真偽雜陳，整個當代所累積的五蘊就是天羅地網。瀏覽網路影片時出現的廣告，兩耳聽入的人語、音聲，兩眼所見的形色都在吸引你、影響你。不過，大多數人不覺得哪裡不好，除非麻煩大到不想辦法不行了，他才會想要看清楚現況，學習找出口。

## ⊙ 臣服了才能學習

《薄伽梵歌》第二章一開始的阿周那是淚流滿面的。他聽到奎師那直言要他破除妄想，他沒有羞愧或生氣（惱羞成怒），反而示範了一個學生要有的正確心態。他說：

我的心為焦慮膽怯所困，對正法也感到迷惑。現在我皈依您，做您的學生。請明確地告訴我怎麼做最好。（2.7）

這節詩點出了「臣服」的心態是「學習」的前提。阿周那此前是奎師那的堂弟兼密友，而在他說了這些話後，兩人的關係則轉變成學生與老師（古魯）。人肯定有盲點，而且必受假象迷惑，若能得「已見真實」的明師指點實為三生有幸。雖然「這樣的智者可以教你智慧」（4.34），但「學習」是一個雙向的過程。首先，老師必須願意教，而學生也要有「臣服、詢問、侍奉」的實際行動。

## 靈性導師

靈性導師（spiritual master）或古魯（guru），其意思是「已見靈性」之人，也具備指導他人「見到靈性」的能力而得此稱號。但是，真正有此能力的人不見得有「靈性導師」的稱呼，也不會在意是否擁有此名號。一如「智慧」，靈性導師的資格也是難以清楚定義的。但若你真心許願，與你相應的緣分是會來到你面前的。這也和你個人見識，或生命的不同階段有關。若你持續成長，以前的你和現在的你會受哪類老師吸引，肯定不相同。

學習智慧時，「瞭解」是重要關鍵，「靈性導師」必然具備的能力之一正是「瞭解力」。

二十幾年前我遊歷印度許多聖地，見過的各國靈性導師不在少數。可惜我當年的見識只在「有神快拜」的模式，以及很多的「聽說」、「想像」，加上溝通必須以英文為媒介，也有很多「假我」發揮的空間。是到了近幾年才比較清楚「靈性導師」會有何表現。當然，在此無法完整囊括其種種特質。可是，我在此寫出這特別重要的一點——瞭解力，提供讀者參考。

你可以從「與靈性導師的對話」中去感受。他的瞭解力表現在「他毫不費力地完全懂你」，這不是口中說「我懂、我懂」喔！是在你們自然交談時，有些你曾經很努力想要外界瞭解，卻徒勞無功的事，他瞬間就了然於心。當然，他不見得會說破，也不會想要用這個表現贏得你的讚賞或追隨。

現在網路很方便，西方或印度許多古魯都有自己的頻道。在古魯和學生問答時，也能看出他「瞭解力」。可以觀察大師是否仍相當倚賴「文字」鋪陳？甚至要一再確認才能瞭解問題？再則，若給的答案都很制式，都是你也想得到的答案，那他很可能是死讀書出來的，只能講「知識」而「無法開啟智性」，當然也無法開啟你的「覺」。其實，文字、知識上的優勢在靈修上沒那麼重要，否則就不會有禪宗六祖惠能這樣的人物了。但有的古魯受限於他的生活經驗、見識、修行境界，有時實無能力回答問題，只能在文字上繞圈圈，或講個出其不意的答案矇一下大家，弄得全場哄堂大笑也就帶過去了。

實際上，鮮少有古魯能好好看著學生，「與他交流」，全面「瞭解」他想表達的內容。真正有「瞭解力」的古魯，他有能力超越語言限制，直接感受提問者的真實狀況，而且能依照他的程度給予適當的指引。有些提問者的敘述能力不夠，其他在場的學生聽了好像掉進迷宮般頭很暈，但是，真正的古魯都能瞭解。他也能體察到其他學生都聽不懂，能用簡單的話或例子讓他們秒懂。他永遠只說真實的、適當的話，「討好群眾」或「成為別人的感情寄託」這種事，我想，他是不會做的。

「以愛之名的『雙贏遊戲』，終究不會以愛凝聚。」章成禪師寫道：「你如果清楚這一個原理，你看人的功力就會大增，你會很清楚看到他想要什麼，會順著他的想要去處理，他就會覺得你好貼近他，這就是一個技巧。有的宗教領袖這樣玩，他很快樂，別人也覺得得到提升，他的建構使得你給他他想要的，而你也在其中有你的喜悅，可以說是『兩造皆得』的遊戲。對於大本質的『清楚』還不是那麼地清楚……你們有時跟隨上師是因為羨慕他的一些『完成』。你以前做很多別人覺得有愛心的事，可是很多是出於你自己的恐懼，也就是你想要完成你認為必須的架構，那麼有些老師就會吸引你，因為他有用這樣的方式完成一些完成，你就會羨慕他。」（註6.2）有明師領路的確是個關鍵，他能指點你在你的生活中去「覺察並修正自己」，並開展智慧，可是，他絕不會綁住你，要你永遠得依賴他，甚至要你匍匐在地頌揚他。相反地，他的教導是要讓你的自己長出能力，自立自強，自成發光體。

## ⊙繼續玩也可以

俱盧族心愛的孩子啊，有堅定性質的智慧是一，性質不堅定的智慧是無盡的分歧。（2.41）

普瑞塔的兒子，喜愛吠陀經的之人沒有辨識力，他說著華麗言詞，宣稱「沒有其他存在！」（2.42）

如此無知之人沉迷於欲望，執著於天堂，為求再次投生為人，為得到享樂與權力的果報而舉行各種祭祀。（2.43）

執著於享樂與權力，內心已被迷惑者，即使全神貫注，也不會生出這種有堅定性質的智慧。（2.44）

有堅定智慧的人很清楚他此生的任務，會把精力、資源投放在他的至高目標。雖然創造力勃發，但他懂得加以統合集中，把握珍貴的時間去做最重要的事。然而，思維分歧的人心中並無至高目標，會受人生路上沿途景物的誘惑，內心也總掛慮著自我的最大利益！如此一來，他的心念會執著在他所認定的利益上，因而橫生枝節、患得患失。為了滿足欲望，他做什麼事情都渴求果報，也會想要借助儀典等等外力來達到目的。然而，他的實際狀態最終只是被綁在物質世界裡打轉，不斷輪迴。即使他生活優渥，但也會陷入一種無盡重複的狀態。這正是「聖帕佈帕德」所言：

「嚼著那口嚼過的東西」（chewing the chewed）。然而，一心追求利益、汲汲營營的心態會讓人看不到自己在重複。不過，還是得說，人在看見自己不斷重複之前，他也是玩得很開心。

章成禪師寫道：「你若是要玩，是玩不完的，你也可以立刻不玩。但那些玩不完的人，其實是在裡面自苦。自己在想像那個匱乏、自己在想像那個快感，如此自苦。」（註6.3）

所謂「可以立刻不玩」是真的清楚了自己，真的「有能力」選擇「不要」。但大多數人的「玩不完」，是他們無法意識到自己原初的「那一念」。那一念裡面就藏著欲望，所以他們只能在輪迴的劇本裡，慢慢去體會這個內建的「苦」的設定，或許等到受夠了苦，他們才會想要「約束表面的自己」，不再追逐過多的金錢或欲望。除非能清醒過來，發現重複並無意義，他才會選擇別條路。這段詩節也告訴我們：「只顧物質」的人，比起不斷回鍋去輪迴，更糟糕的是，他可能會被欲望淹沒而與「智慧」絕緣！

「智慧」是「生能帶來，死可帶去」的財庫，遠遠超越物質能量，自然更值得追求。其實，這裡也在為接續的詩節（2.45）鋪路問道：「你要修練『智慧瑜伽』嗎？還是你只想要依照某些儀典，在安全的範圍內『做好事，得好報』？」後者的心態是「沒有要去清楚自己、沒有要留意自己」，是以欲望為前提，追逐外在目標，為滿足「表面的自己」而按照規矩行事。

讀到這裡，請小心，並不是叫你全然抹煞掉心念感官的欲望。欲望需要被滿足，同時也需要被約束，而且，絕大多數人也都願意遵守規矩去做。所以，遵守儀式教條的人或許是為了成果才行動，但這並沒有錯，他只不過是選擇了一條相對安全的路徑而已。只不過，這裡有個分界點——人生短暫，你要先把時間拿來「學習智慧」，還是先「渴求天堂」？

更重要的是，這裡的「二分法」陳述雖有助於理解「渴求天堂」與「學習智慧」的差異，但是這兩者有衝突嗎？在現實人生中，你會發現各行各業都有成功人士，他們兼具物質享受與智慧圓滿，既有豐盛富足，又有開闊自由。然而，兩者皆失的狀況恐怕是更多的，也就是說，大多數人在漸老的過程中，生活品質漸趨低落，也沒能從所經歷過的事情上有所學習、真正改善自己。

## ⊙ 智慧瑜伽

我已經講完數論哲學的知識，現在請聽智慧瑜伽。普瑞塔的兒子啊，運用「覺」去行動，你將擺脫業力的束縛。（2.39）

奎師那說祂用數論哲學講述前面的「靈性知識」與「善盡職責」。自此（2.39）而後，則是一個分野，不同於數論哲學，祂開始傳授「智慧瑜伽」（buddhi yoga）。

阿周那，所有吠陀知識都屬於物質能量，你要超越三重屬性，免於二元對立性，擺脫利益與防衛的概念。要永遠清楚，要留意你的自己。（2.45）

修練「智慧瑜伽」的方法是「要永遠清楚，要留意你的自己」。首先，萬分感激「芭芭拉．史托樂．米勒」的英譯本讓我更深入瞭解這個梵文詞「ātma-vān」（她的英譯是be forever lucid, alive to your self）。對我個人而言，這一層瞭解是個里程碑。我追求的是更精深也更能落實於生活的瞭解，並沒那麼在意宗教或學派之間的壁壘分野，所以，是芭芭拉的英譯為我指出方向。其他的英譯有「situated in the self」、「centered in the self」……中譯則有「穩定地處在自我覺悟的層面上」、「安住於自性」、「專注於大我」、「把握自我，永遠保持真性」等等。以我先前譯成「穩處於自我」為例，太過抽象也難以落實。

某日我讀到章成禪師的《心經》：「……也就是說，你的人生如果要提升，脫離每個層次的困頓，你就要去對你的生活『觀察入微』……」。（註6.4）

這句話頓時讓我意會到「要永遠清楚，要留意你的自己」這個心法！自己的「生活與身心狀態」就是清楚「真實的自己」的最佳介面。

「智慧瑜伽」的練習方法始於「開啟智性」或「覺」，而不是被較為低端的「身體感官、心念假我」牽著走而去搜羅知識。智性是最接近靈性，又比身體、精微體更高階的能量，所以能約束之而「回復真我」。

要在生活中「永遠清楚，留意你的自己」，這樣的練習很隱微，而且必須自己上路。願意走這條修行之路的人，他也會願意獨處，不依賴別人認同，不怕跟群眾不一樣。雖沒有戒律或儀式，但他能自行約束，從好好生活當中增進各項能力。其實，從生活中的具體細節去實修，你反而不會落入用虛幻文字打高空。而且，真正地凝視日常，你就不會去區分大事或小事。很多在「地球功課」上卡關的人，其實是被他頭腦所認定的小事卡住的。他一味在頭腦以為的大事上努力，卻走錯方向。不想浪費精力在小事的結果常常是「聰明反被聰明誤」，然而，事情無論大小都肯認真做的人，總是怡然自得。

章成禪師寫道：「現在的人如果往內看，意識到那個『都可以』，都會覺得很可怕，會憂鬱，所以他們不願意往內看。往內看就好像要摒棄外在世界的東西了，會衝突，所以他就不要，反而若是敢穿越過這種衝突，才會脫離輪迴。如果往外看，覺得好留戀這個世界喔，這個好美、那個也好好喔，那就只好繼續輪迴。」（註6.5）

靜坐時，停止行動與心念運作，似乎把自己放在一座孤冷高峰上。若回到現實世界，打開電視或網路，接收熱熱鬧鬧、五花八門的訊息，會讓人有突然鬆一口氣的感覺。相較之下，「靈性」的無限顯得無比孤單，令人卻步。各種高低起伏擺盪的情緒、繽紛的念頭，甚至那個很會說故事的「假我」不是活潑有趣多了？這樣的反差狀況確實存在。只是，可別以為這些愉悅永遠不變，因為過量的聲色終究是身心負擔。工作和生活項目的調整與平衡，本來就要依照自己的人生階段去作主、拿捏。「智慧瑜伽」之路是從「表面的自己」修起，不是在禁欲，也不是在追求空無，而是活出「真實的自己」。

你的注意力是很珍貴的，無須太關注別人，要更多地「留意你的自己」！否則，若總煩惱別人的事或老天爺的事，管不了又愛插手的話，反而會介入他人因果而折損自己。所以，遇事時，要先釐清「這是誰的事」？看清楚這一點，才能集中心力經營自己的人生。子貢問：「自身的修養有如玉器、石頭的加工，要切要磋，要琢要磨，對吧？」孔子說：「子貢啊，現在可以與你談詩了。說到過去，你就知道未來。」其實，孔子這句話也印證了學習智慧——「要永遠清楚，要留意你的自己」——這門功夫著重在日積月累的「切磋琢磨」，需有恆心，慢慢回復。

詩節（2.45）也講到修練「智慧瑜伽」——擺脫業力的束縛、超越物質三重屬性、超越二元相對性、擺脫利益與防衛的概念。然而，實際上，修行的方法並非你字面上看到的那樣，直接去做就好。你以為的擺脫，有時恰恰不是擺脫。相反的，一心想要擺脫什麼、超越什麼，用頭腦去盤算要做什麼，很奇妙地，到頭來的結果卻是往相反的方向奔去。

大部分的修行法門都有修「苦行」，有些人修到後來卻是滿滿的孤冷悲意、毫無喜樂。其實，修行的契入途徑可以不一樣。從自己的日常即可「學習智慧」，教材就是你的生活現場與工作職場的事件與氛圍，實際成果就展現在居家的生活品質、個人的處世能力與心境、工作品質的平穩細緻、家人朋友之間的和樂融融等等。因為經典所描述的諸多道理，一定都可以展現在實際日常細節當中。如果讀了很多經典，卻活不出經典的精神，那麼，學習之路是走歪的。

「真我」並不虛幻，就存在於你此時此刻的身心運作之中。若你走對了路，那麼練習了一段時間，必然發現自己自然的轉變。在學習智慧的過程裡，你自會吸引與你能量相當的人同行。甚至到了一定程度時，也會與古今聖賢同心。這是一條前後左右都有伴侶，手牽著手一起學習智慧，向上走的行列。直到有一天，旁人注意到了你的光和熱，才會驚覺你怎麼突然間就不一樣了！可是，你心裡會很清楚，你是如何一步步在留意、清楚自己而創造出你的嶄新實相的。

## ⊙ 瞭解

芭芭拉把「覺」、「智性」（buddhi）英譯為「瞭解」（understanding），所以，「瞭解」與「覺」或「智性」可說是開啟智慧這一路上的不同說法。梵音「buddhi」是陰性名詞，其陽性形態為「buddha」（覺者或佛）。印度教與瑜伽哲學多認為「buddhi」與「梵」（Brahman，真實）同在。雖說各種評註通常都會把名詞解釋得更複雜，但多少能看出「buddhi」在身心靈成長上扮演相當關鍵的角色。

在「大日講堂」上，章成禪師常說的「覺」、「清楚」、「反省」，我認為也與「瞭解」或「智性」同樣屬於語意範圍高度重疊的同一類字詞。人可說是因為原初那一念而來投生、輪迴的，那一念既是「欲望」，也是你想要「瞭解」的點。怎奈物質世界待久了，常常還沒瞭解，就先被情緒、想像、成見淹沒了。「瞭解」真是一項被嚴重低估的修練。常有人不經大腦就冒出一句「瞭解」，其實只是應酬話，並沒有瞭解的意願，類似於附和別人時常講的「對啊、對啊」。

「瞭解」可從「觀察你自己的身體」做起。身體是你「承前世、啟後世」的一個關鍵。瞭解身體的現況，在既有條件上如何適當運作以維持其機能，甚至因有善緣而能體驗回春等益處，這是人在身體層面上的瞭解。然而，要真正全面瞭解自己是有難度的，主因是沒信心、對身心很陌生，聽信別人或廣告則容易多了。這並不是說醫生診斷或建議不重要，而是自己理當是最瞭解自己的人啊！不想瞭解的原因，也可能是「害怕改變」。然而，你自己的身、心、靈，你必定要去瞭解——這其實是你此生最有價值的資產。

阻礙你去「瞭解」的大多是各種「情緒」——恐懼、挫折、不滿、憤怒等等。一旦陷入情緒漩渦，想像力也會肆意蔓延，因此而過度反應或反彈。其實，一開始會有情緒是人之常情，問題是你接下來怎麼想？怎麼做呢？這裡就是一個陰陽魔界的分界點。如果你因為受感官刺激就產生衝動的情緒和行為，那麼你的「智性」就只能跟隨在「感官心念」後頭，為自己的行為找理由。如果你警覺到自己有情緒，且在那電光石火的一瞬間，你選擇用「自問」去「開啟智性」、去「覺」，對他人或事件都願意先去「瞭解」，那麼，你就能「踩住情緒的煞車」（註6.6）。因為能「覺」了，那麼，你就能從較高階的能量出發去「瞭解」，去指揮心念與感官的行動，而情緒也會消失。

「瞭解自己」的功夫進步了之後，你會發現「瞭解他人」變簡單了，也會發現「瞭解」這個練習有多麼珍貴。你必須允許自己放下情緒和成見，願意花時間和精神去瞭解別人究竟需要什麼？你也必須願意去冒險——如果我瞭解了別人，我可能會因為這個瞭解而發生改變。

若你真能先放下自己的情緒與成見，你就能聽見、看見自己待人時的臉色，是否有暖度？專注？寬容？還是不耐煩、想保持距離就好？在什麼狀況下你會想控制他人？無論你所觀察到的這些表現是正面或負面，能否接納那都是「自己」的一部分？有時候，很殘酷的是，從別人口中才能得知我們完全想不到，或不想看見的「那一面」！這個時候，你能接納別人所認為的你，也是你的一部分嗎？如果馬上抗拒、否認，甚至很憤怒，覺得自己才不是那樣！但過了氣頭上，能否打開內心，接納這個別人口中連你也討厭的自己？雖然那只是你的一小部分，可不也是很珍貴、很不容易發現到的你的一小部分？這樣子還不值得你特別去看重、接納嗎？能夠全然接納這些所謂正面或負面的自己都是你的一部分，才能確實促進你的成長，你與他人的關係也才能真正地「如其所是」。相反地，維持虛假的人際關係從來都不會有益處。人際之間，最浪費時間心力的就是「說一套，做一套」，表裡不一、口是心非。

「瞭解對方」是你「單方面」即可進行的活動。從你的誠意出發去瞭解他人、社會或時代，就能撇開個人好惡，也不帶成見地自問：「他是怎樣的人？他剛才說了什麼？做了什麼？他這樣做的原因可能是？」培養這樣的瞭解能力有助於修正自己偏頗的認知，突破原有觀點，廣納從各種角度而來的覺察與訊息。然後，你心中自然會有方向，知道自己可以做什麼——這就是「反省」。

這也正是章成禪師所言：「而內在一直能跟外在做這樣交流的人，就會恢復靈魂『心電感應』的本能（或有人形容為打開天線），他彷彿是一台功能特別強大的電腦，能夠在遇到某個當下狀況時，瞬間去瞭解一件事或一個人。」（註6.7）

遇到問題若不去瞭解，久了就會滋生恐懼，會讓自己更走不出來。當你愈去瞭解，就愈能對覺察到的東西心領神會。心電感應的能力也會讓你突破限制，得知真相。有些人能接受你「攤開來講」的作法，但有些人就是不能。所以，你愈能瞭解，卻不見得要做愈多。有無力感時，不要卡在對錯裡面，要打開天線去瞭解，並給予外在世界更多的包容。唯有如此，你才能打開視野，看見你本來看不到的東西。

## ⊙ 不行動

當婆羅門對此有所瞭解了，所有祭祀儀典的知識，其價值便有如水鄉的一口井。（2.46）

你的職責在於行動，而非行動的成果。不要以成果為動機，也不要執著於「不行動」。（2.47）

在水鄉澤國，還需要井來供水嗎？同理，舉行祭祀儀典以求得好報、錢財、富貴，這類知識對於學習智慧的人來說並非必要的。想要享受工作成果，這個心態無可厚非，欲望確實需要滿足。但是，如果一輩子都停留在這個層次，完全不去「覺」，沒有學習「心的智慧」，終其一生都只為金錢、欲望或物質回報才去工作，就算變成有錢人，心靈卻會非常空虛。他會想說：「我這麼有錢，要什麼有什麼，用錢就可以買到這世上所有的一切……」其實，他的財富是多到擋住「往內看」的視線了，可卻還想往外要更多，同時又很焦慮有任何一丁點的損失。一生都為了外在利益打算盤，而這些財富死後又帶不走，最後一切歸零。這樣的人心裡也很清楚，一旦死了就什麼都沒了，人生就是一場空。所以，活著時就常想要放縱狂歡，深怕下一秒什麼都沒了。所以，延續詩節（2.45）的脈絡，當你練習「智慧瑜伽」，那麼這些渴求果報的祭祀儀典就不是那麼必要了。

詩節（2.47）是《薄伽梵歌》經常被引用的詩節之一，在印度連學童都很熟悉。詩節的意思是「做好自己的本分，不必擔心結果」。至於它被延伸解釋為「無欲行動瑜伽」的部分，本書已於第四章詳述。而此詩節的後半，「以成果為動機」是指某人心中早已預想到會得到怎樣的成果，然後就為了這個成果來行動。這種情形其實很多，譬如「為了考試成績才讀書」。若以選舉為例，選舉日迫近之前，政黨操盤者就會評估時勢，若認為黨內的候選人選不上，就會聯合次要敵人，攻擊主要大敵而放出風聲說要棄誰保誰。這種情況就是在預想未來成果，並以追求這個成果為動機去行動。

「也不要執著於不行動」意指別以為「不行動」永遠是最好的。每逢選舉，有些人會懷疑自己的一票能改變墮落的社會，所以選擇「不投票」，然而，這種「不行動」是要避免的。

章成禪師舉例說：

你到一個公園裡面散步，結果發現有小黑蚊會叮你……因為小黑蚊很多，你只好邊走邊輕揮手上的雨傘驅蚊，免得被叮咬。然而，如果每個人進公園都邊走邊驅蚊，讓它們怎麼都叮咬不到，那麼，這裡的小黑蚊真的會減少，最後會消失。

「選舉」是一種社會性的「時時勤拂拭」，可以重新調整很多政治上的人事物。如果你心中預想未來沒希望，而不去投票（不行動），那就是放棄你對社會那一份「時時勤拂拭」的熱情。如果能花一點時間精神，為你心目中最有理念的候選人投下一票，雖然只是一票，可是你已經為「更美好的世界」盡了一份心力。投不投票是個人的自由，每個候選人也都有缺點，而且，有時候真的只能挑選「比較不爛的」。但只要你存有一絲樂見全體社會向上成長的善念，並為此去投下一票的話，更多與你想法類似的人便能匯聚成一股力量，這也是不容小覷的。（註6.8）

## ⊙ 行動的藝術

從事行動，堅定於瑜伽，放下執著，平等看待成功與失敗。贏得財富的人啊，如此平等，是謂瑜伽。（2.48）

贏得財富的人啊，行動遠不如修練智慧瑜伽。為了成果而行動的人很可憐，所以，托庇於智慧吧。（2.49）

修練智慧瑜伽之人，擺脫善業惡業；因此，要勤修瑜伽。瑜伽是行動的藝術。（2.50）

瑜伽（yoga）的梵文字根「yuj」，原意為「軛」，是古時駕車時用以套在牲口頸上的曲木。瑜伽作動詞有「約束」、「控制」之意，又因令兩頭牲口共負一軛，故延伸而有「連結」、「平衡」之意。瑜伽在《薄伽梵歌》第二章則有「平等」（samatva 2.48），以及「行動的藝術」（karma-kausala 2.50）之解釋。

「平等」除了對得失成敗能一視同仁，也包括覺察並瞭解「對立面」而能「平等對待」自己與對方。這樣就不會因為偏見而去否定別人，會更有能力去包容諸多的對立觀點。最終則可因此開發出更多屬於你自己的、更完整、更完善的觀點，並成就各方面都更有能力的自己。

行動之所以能是藝術品的關鍵正是——你跟對方的關係是「平等」的。雕刻師若只把木頭看作是捏在他手裡的東西，想怎樣就怎樣，那他的作品就會比較匠氣。相對地，藝術家和他手中的木頭是「平等」的關係。他會先去感受木頭，與它交流，對它的特質有所瞭解後才開始創作。這樣的作品就會有琴瑟和鳴的共榮感，藝術家有所成長，而木雕作品也活出它自己。

章成禪師說：「成為你生活的大藝術家。」

追求心靈成長的人經常一有什麼心得，就想去改變別人，這就是比較匠氣，還沒到藝術的境界。可是，若能繼續「留意、清楚你的自己」，不斷成長，就有能力帶來春天的能量，而周遭也就會跟著改變了。春天來了，萬物就會充滿生機。所以，春天不必大聲說：「我是春天喔！我來了，你要快樂一點兒！」不必。春天一來，有些樹木就自動冒出新芽呢。所以，若你刻意改變別人，那通常是因為你只想維護你認定的正義、價值及利益。而這樣的行動裡面隱藏著你的優越感、不尊重，更別說你根本不管對方的意願了。真正能改變一個人是化於無形的，他不一定覺得是你改變了他；或許會，但他更會覺得是他自己選擇成長的。然而，這種比較高明的影響力正是一種行動的藝術。

「庖丁解牛」的庖丁是藝術家，他不用刀砍，而是「解」——瞭解後分解。他深深瞭解牛的肌肉組織、骨頭、韌帶、內臟等，分解牛隻的技術很高超，據說連牛都不知道自己死了。你的「說話、行動」也是一把刀，你可以用行動去把生活「雕琢」或「砍伐」成你要的模樣。然而，庖丁會左彎右繞，不會硬碰硬地直接使勁砍，也不會認定每頭牛都長得一樣。這就是與別人相處的一種比喻。「行動藝術家」會看到人心的動力系統，還有背後的前後因果，他不會先砍再說。所以，要學習先有瞭解、懂得等待、什麼時機說什麼話、做什麼事，這樣就能愈來愈明白你在這人世間該如何行動，如何成就藝術性。

從你「說話、聽話」這兩個行動即可看出你的藝術成就。說話的藝術不在於說得好或壞、對或錯，而是你的表達技巧能否傳達出你內心的真實意思？莫內的蓮花池，重點並非蓮花本身，他想傳達出來的是那個意境，他想讓你看到的是午後的慵懶。有些畫作讓你感受到衣物的華貴甚至是觸感，這些都需要精準的表達技巧。所以，值得反思的是：「你想要人家記得你的什麼，你做到了嗎？」

聽話的藝術則是能「聽懂」人家話裡的真意。有時候不需執著於字面，有時候要能跳出自己內心設定的框架，譬如說非常重視字詞選用、語言邏輯、先後順序等。若能在聽人家說話時，「先要求自己要能夠聽懂」，那麼，你接收訊息頻率的覆蓋範圍就會大大地打開來，你就可以從對方說話時的聲調、姿勢、眼神、表情變化等去聽懂人家真正的意思，甚至有「心電感應」。有自由做一切事，也懂得等待而「無來無去」，這樣的瑜伽行者不會因為「行動或不行動」而造成內心負重或被綑綁，亦即詩節中所稱「他擺脫善業惡業」了。

行動藝術家所創作的就是他人生的這幅畫，要畫出什麼景致是要自己能做主、為自己安排的。所以，你不會常說「一切都是最好的安排」，因為是你在寫自己的劇本，不會是「被別人安排的」。你想成為怎樣的人，就要一直往那裡邁進，一路上就會學到相關的修為、技巧，那麼，你的創作就會符合你想要展現的樣貌。你會藉著自問來自我修正：「那樣的人會怎麼說話，會給人什麼感覺，我能否做得到？」若你真心做大藝術家，那麼你說話時就會讓人感覺到你的確一直在創造。去美術館觀賞作品時，你會感受到某人是名符其實的畫家。同樣地，若你是行動藝術家，那麼，在別人心中也會對你有這樣的肯定，因為是「你」在他心中畫出「你的自畫像」的。

## ⊙ 三摩地

修練智慧瑜伽的智者捨棄行動所產生的成果；他擺脫輪迴的束縛，到達不朽之境。（2.51）
你的智慧穿越假象沼澤後，你不再在乎從祭祀知識中所聽聞的一切。（2.52）
你的智慧從祭祀知識轉為專注入定，且毫不動搖後，你便達成瑜伽。（2.53）

這一段繼續說明「智慧瑜伽行者」（2.50）的各種修練進境。他捨棄行動的成果，講求行動本身，最終擺脫輪迴束縛，到達永恆（2.51）。「心的智慧」超越物質能量的短暫虛幻，所以，他不再在意「祭祀知識」，因為那都是層層假象（2.52），都是會讓他「走不出來、無法自拔」的泥濘沼澤。若他的專注力是放在自己與生活，持續地「留意、清楚自己」，那麼，他是可以達成瑜伽「三摩地」境界的（2.53）。

三摩地（samādhi）一詞由字根「sam」（平衡）和「dhi」（智慧）組成。所以，「三摩地」意即「平衡的智慧」，最後會得到「堅定」與「平靜」。「堅定、平靜」看似抽象、不動，所以，很多修練者會為自己布置一個有「定靜」的環境，要在裡面追求「三摩地」。然而，要記得，「定靜」來自於「智慧瑜伽」——「要永遠清楚、要留意你的自己」這樣確實的修練，是實際上在生活的各個卡關處去清楚、面對、解決才會有的氣質，亦即是來自前述的「悲喜平衡」、「落實平等心」

而來的自然心境。

## ⊙ 無欲無念

阿周那想瞭解這樣的智者有何具體明確的特點，便問道：

殺死凱西魔的人啊，智慧堅定之人專注入定，他有什麼特點？他怎麼說話？在動與不動之間如何自處？（2.54）

奎師那說：

當他摒棄心念所有欲望，滿足於內在靈性，普瑞塔之子啊，他是智慧堅定之人。（2.55）

他的心念不受苦難的擾亂，他對享樂的欲望已然消失，擺脫依戀、恐懼、憤怒，他是專注入定的牟尼。（2.56）

詩節（2.55）多數評註的解釋是「摒棄心念所有欲望」與「滿足於內在靈性」有因果關係，因此常以為修練者要先做到「無欲無念」，才能「回復真我」。如果必須摒棄身體與心理的基本需求，要硬生生地禁欲才能完成自我覺悟，那恰好是反其道而行了。因為「欲望」本就是「精微體」中的內建設定，你因此而有了生生世世的輪迴。「欲望」並不是可以任意自行刪去的東西。事實上，（2.55）這前後的兩句是並行的關係，說的是符合這兩個條件的人即有堅定智慧。

所以，要回到之前的脈絡來看。這是在描述有智者把「平衡、平等」實踐得很好了，他除了如前文所說，擁有堅定、平靜的氣質之外，他還有什麼特點？詩節說他還「摒棄心念所有欲望、滿足於內在靈性、遭逢苦難時心念依然穩定、擺脫情緒，也沒有享樂的欲望」，為何能這樣？因為「他是專注入定的牟尼」，意即「他擁有平衡的智慧」。那就要接著問：「怎麼做到的？」答案可參閱本章「收攝感官」一節（詩節2.59）。

得到「定靜」的有智慧之人，他趨向於貧賤不能移、無欲於享樂，也無執著、恐懼、憤怒等心念。然而，有些人覺得無欲無念，豈不也沒了人性？其實，這是一個人心靈成長的不同階段。一開始，要學習分辨欲望，「欲望沒有不好」，有些需要約束駕馭，而有些是要去滿足的。在這條智慧的道路上，一察覺自己有欲望，反而是要去處理，看看如何滿足或排解，而不是先去否認掉。若不願意承認自己的欲望，那也只好永遠壓抑造作、心煩意亂了。

修練瑜伽時要遵守戒律，以控制自己「舌頭、肚腹與生殖器」的衝動，這自有它的道理與好處。的確，人需要約束感官與心念的衝動，這副身心馬車才能平衡、平靜地到達目的地。然而，若一味只用壓抑，真要先自問一聲：「走到人生最後一個功課『死亡』之時，我能否對得起自己，了無遺憾？」

## ⊙中庸之道

「無論幸運或不幸，他不偏不倚，既無歡喜，也不憎厭，他的智慧堅定不移。」（2.57）這就是在講「中庸之道」。中庸和平衡、平等一樣，並非死背什麼原則或公式，也不是照表操課就能做到。中庸是很高的智慧，超越心念、情緒、欲望等，而且是從最基本的「覺」、「清楚你的自己」、實踐正法等等慢慢、慢慢累積而生出的高層次智慧，是在處理事情的千錘百鍊中自然表現出來的一種「能力」。

章成禪師說：「中庸是很高的智慧，不是除以二就叫中庸。」

中庸並非扮演「中間者」的角色，而是有能力在不同角色之間切換自如，而且無論行動與否，你都是「無念」的，不會執著、牽掛或憂慮。譬如說，你在事業方面有走上去一步了，那你也會下來一步。不會執著於進境，非得一股腦兒往前衝，也不會只顧往上發展而不去接地氣。所以，你的人生在向上走的階段時，也要練習「來來回回」當中的中庸之道。你是在黑白交錯的上升螺旋裡維持身處其間的平衡、平等、中庸。愈高等的智慧，就愈能讓你回到中庸，如此，一切外在與內在之事便會自然地大事化小、小事化無。

中庸的可貴在於，它會讓你健康——亦即你能付出愛，又能保持健康。有了健康，一切才有意義。愈高等的訊息或智慧，就愈會讓你回到中庸。有些家庭主婦或主夫為了健康、營養等原因，堅持自己煮，卻常在餐桌上情緒失控，搞得天怒人怨。有些人努力照顧流浪狗，照顧到後來卻把自己活得也像流浪狗那般乾枯。雖然一開始的發心都是有愛的，但內心卻仍堆積出很多的悲。此外，也有些通靈者逢人便說：「肝不好喔……」貌似關心，可是其實又沒人問他。社會上這種類似有愛的行為不在少數，卻因為失去了中庸，雖然的確做得很辛苦，但最終無人感謝，竟然還折損自己。

## ⊙ 收攝感官

收攝感官、遠離感官對象，有如烏龜縮回四肢，他的智慧堅定不移。（2.58）

斷食的人除了味之外，其他感官對象都會消失；一旦看見至高目標，連味也會消失。（2.59）

詩節中以「烏龜縮回四肢」來形容這個約束感官的姿態。這並不是逃避或壓抑，需要壓抑的狀況通常是感官已經被刺激到躁動不安的程度了，已經遲了。「約束感官」是「智性」主動判斷不想與某些感官對象有交集，你就能毫不費力地早早把你珍貴的注意力從感官對象身上收回來。甚至預知應該要遠離某些感官對象，就提早避開而能趨吉避凶。

「定靜」的智者能收攝感官，遠離感官對象，不浪費他五感的能量，是因為心中有「至高目標」。因此，他生活和工作的內容自會有優先排序，不會被感官對象牽著鼻子走。即使感官對象「餘味無窮」，因為有至高目標，心念也能堅定地約束感官。

這段詩節還有一個重點：你一再看見的是「感官對象」，還是「至高目標」？這會決定你將隨感官對象而去，而捲入「喪失智性」、「不能覺」的風暴？或是專注於至高目標，而能控制好感官、保守住心念，最後得到堅定的智慧。這裡的至高目標，若按照其脈絡來看，即為「回復真我」，若以我近年來的瞭解，則也是做好「地球功課」。

## ⊙心念隨感官起舞

> 貢蒂之子啊，智者即使嘗試控制，但惱人的感官仍會強行擄走其心念。（2.60）
>
> 專注於至高目標，練習約束感官；感官受到約束，他的智慧堅定不移。（2.61）
>
> 思念感官對象，就會產生執著；從執著產生欲望，從欲望產生憤怒。（2.62）
>
> 憤怒產生迷惑；迷惑導致記憶錯亂；記憶一錯亂就不能覺；一旦不能覺，人就毀了。（2.63）

生活中何時會發生「惱人的感官仍會強行擄走其心念」（2.60）這種情形呢？只要去各大歐式自助「吃到飽」餐廳即可看到這種景象。接著，（2.67）也說：「心念隨感官遊蕩起舞時，便會奪走智慧，猶如強風吹走水上船隻。」

「眼耳鼻舌身」加上「心念」這六個感官有如你的小孩，都吵著要得到「感官對象」。小孩無法約束自己，總是衝動，要向外探求。一般人慢慢長大的過程中，多半要經歷挨罵、挨打、懲罰，才能學會約束自我。

人貴在有「至高目標」，知道要往哪兒去。如果沒有，又不約束感官，那只好放任感官受「感官對象」（色、聲、香、味、觸）刺激，心念四處遊蕩，始於思念，產生執著、漸生欲望，然後不滿足欲望就生氣、迷惑、記憶錯亂、智性喪失，而走向毀滅的地獄。

李安電影《色，戒》中王佳芝這個角色——在風雨飄搖的動盪時代中，一個沒有父母保護，實則很需要有依靠的年輕女子。她與大學同學為了避難來到了香港，在話劇社演出愛國劇後，贏得觀眾熱烈的認同掌聲。基於這番成績，同學們想要完成一個很有意義的暑假作業，那就是在開學前殺死汪精衛政府的情報頭子易先生。說起來，她的初戀對象其實是熱血青年鄺裕民，她因為他而接觸特務工作，他卻為了國仇家恨，不動兒女私情。她沒有間諜的專業，所以躲得過易先生的敏感神經，獲得了他的信任與寵愛。然而，也是因為這份清純，讓她與易先生發展出來的這場情愛與性愛「假戲真做」了，讓她的身體感官反制了智性，掙脫心念韁繩而去，亦即心念隨感官起舞了。她為國民政府蒐集情報，後者卻不顧念她的痛苦及危險，一直在犧牲她的身心，還要求她為（國民政府的）政治理想付出一切。最後，她望著六克拉鑽戒卻不敢戴上。

她知道易先生對她有真正的憐惜，而她不願辜負真情。於是，她的「身體感官」再次背叛了智性（智慧喪失），眼睛嘴巴自己做了主，一同顫聲警告：「快走……」。易先生驚覺有異，倉惶如驚弓之鳥，飛也似地下了樓，縱身一躍到汽車後座，這才保住一命。而王佳芝會因為幫助他躲過暗殺而被寬赦嗎？沒有，她和同夥一起被處決了。她在受刑之前是一臉淡然，看似有違「怕死」之常情，但這是因為她對於暗助易先生沒有後悔。畢竟，她不欠國民政府或特務同學們什麼，卻因為曾擁有過易先生的真情而不願愧對於他。只不過，對女人很致命的一點是，把身體感官交給了一個男人後，她那顆心早也由不得她了。

易先生逃離暗殺現場後，他的勢力立即抓捕王佳芝及其同夥。他雖然心情複雜，卻仍然在行刑文件上簽了名。他與佳芝互為情欲羈絆的感官對象，彼此因肉體誘惑而有恩愛，最後因為危及性命，也只能對愛人斬草除根。只不過，這種決斷表面上是永除後患，但實質上對自己的心靈也是狠狠地猛插了好幾刀啊！受了如此重傷的心靈會結下永世的瘡疤，繼續輪迴流轉。

## ⊙ 身手不凡

自己能駕馭就可以運用感官去體驗各種感官對象，他不依戀，也不怨憎，依然有平靜。（2.64）

得到平靜時，所有苦難都止息；內心清明，他的智慧堅定不移。（2.65）

不約束自己者不能「覺」，也不能有智慧與堅定。無定力則無平靜，無平靜者，何來幸福？（2.66）

「智慧瑜伽」一詞出現在（2.39），心法是「要永遠清楚，留意你的自己」（2.45）。「收攝感官、遠離感官對象」（2.58）則是「趨吉避凶」的能力。此外，還有一個能力——能駕馭——能隨心所喜地運用感官、體驗生活，而且「不依戀、不怨憎」（2.64），總有平靜好心情。平靜是幸福的基礎，兩者皆與「能力」有關。除了詩節（2.64）的「能駕馭」，還有詩節（2.66）的「能約束自己、能覺」。

人多半都想要幸福，卻認為幸福就是「很舒服、沒壓力」。然而，依據「DNA反轉法則」——愈想要就會愈要不到。只要舒服，不要壓力，後來會演變成很不舒服，壓力很大。那麼，到底要如何做才能擁有幸福？

章成禪師說：「幸福是心境平凡，身手不凡。」

無論情況如何都不會跟誰對立，而且一直在創造雙贏的人就是「菩薩」。他總是能用不同角度開展出解決辦法，意識也因此更加擴展。他的「千手千眼」則顯示出他的身手不凡，是「為眾人創造幸福」的永遠贏家。

所以，壓力來了，不要害怕，要去面對。要先約束自己的感官，別衝動行事，也別被情緒淹沒。要先去清楚（覺）你所以為的壓力是怎麼回事，然後想辦法減壓。如果無效，就要嘗試轉換立場或角度再觀察看看。是透過思考與實作的過程，智慧才能開展，能力才會變強，而能活得愈來愈無懼。把生活中實際的難題一一解決了，「能駕馭」自身與外在世界後，你也會逐漸變得身手不凡。能力愈來愈強，化解了無數困境後，你卻不覺得這有多了不起，心境反而是自覺平凡、普通的。那是因為超能力已經是你的一部分，別人覺得很神奇，你卻真心覺得「還好啦」。

萬物都在擴展智慧，細胞分裂就是一種智慧的開展。如果有人跟誰講話都同一個樣子，那就是變回「單細胞」生物了。因為有「無常」，所以你才能成長。愈去瞭解人、事、物，你就愈不會哭泣，愈能練出自己的身手。所以，不要讓無常追著跑，才被迫學習。要主動清楚自己，學習心的智慧。

## ⊙地獄真是個完美的設計

心念隨感官遊蕩起舞時，便會奪走智慧，猶如強風吹走水上船隻。（2.67）

所以，臂力強大的人啊，能約束感官，自感官對象完全抽離者，他的智慧堅定不移。（2.68）

眾生的夜，是約束自我者清醒之時；眾生醒時，是內省的牟尼之夜。（2.69）

百川湧入大海，但海面滿而不溢，平穩不動；同樣地，一切欲望進入智者心中，他依然平靜，欲望很多之人則不然。（2.70）

這段詩節再次強調「約束感官」的重要性。簡言之，「能不能約束感官」會帶來天差地別的結果。

約束感官的智者，他心中能容納各種欲望，有如「大海能容百川」，依然平靜。可那不完全是他成功對抗欲望的誘惑，而是他經歷過了。一開始，他沒否定欲望，而是會去弄清楚自己對哪些感官對象會起反應、有欲望、有執著，接著再思考如何滿足與排解，到後來就自自然然不再追逐外在短暫的幻影。所以，對於不約束心念感官的人或欲望很多的人而言，他是需要去經歷這些的，而不是直接跳過，裝作沒這回事就好的。

不能約束者，其感官會引動心念，也會奪走智慧。而且，感官會愈趨強大，不時躁動。這樣就會生出更多欲望，令人疲於應付，但是愈去滿足欲望，內心又會離平靜愈遠。「不平靜」區區三字已極為簡縮地畫出了「地獄」的輪廓，即受貪婪、憤怒、執著「貪嗔癡三毒」宰制了。

相反地，若能約束感官，又「能駕馭」自己的注意力，能視情況從感官對象身上抽離，那麼，這樣的修練者會有堅定的智慧，甚至能運轉外在世界。而且，即使欲望在他心中湧現，他也有能力處理，該繼續約束或如何滿足欲望，他會了然於心，始終回歸平靜。

智者和「不能約束者」各自踏上的是不同軌道，因而進入的世界不只是不同，而是「相反」。也就是說，智者的白天會是「不能約束者」的夜晚，就算在路上擦肩而過，也不會有交集。詩節（2.66）說：「不約束自己者不能『覺』，也不能有智慧與堅定。」自起點開始，「能不能覺」、「有無開啟智性」即已將人生旅途概略導向「前往開展智慧」，或「前往追逐欲望」這兩個方向了。

智者有「覺」，因此，他在走向天堂的路上，是看得見地獄的。然而，地獄是一個教室，並不是要懲罰誰。因為全宇宙間都是愛，而人各有不同，才會有不同的方式教人覺醒。若醒來開悟後發現自己是佛，他會感謝有地獄這段歷程，也會說「地獄真是個完美的設計」。

## ⊙ 不占有

放下一切欲望，不貪戀、不占有、沒有假我，他會得到平靜。（2.71）

「不占有」就是沒有占有欲，亦即不聲稱自己擁有什麼東西。這個身體是「我的」，與這身體有關的一切也都是「我的」，例如，名字、孩子、財產、地位等等，然而這些都是「暫時」的。有些人在咖啡廳讀書，即使要離開去吃飯，也會用書本或安全帽占住位置。他們不覺得「占有」是一個問題。然而，想要得到平靜的人會問：「如何做到不占有？」這和「沒有欲望」一樣，並非你不要，就可以隨意不要。畢竟，為何你還有這個身體就是因為至少你還是有想要「據為己有」這一念。

章成禪師說：「愈往天堂走，你就愈不需要去『據為己有』。」

地獄裡的人占有欲都很強。這種欲望從一開始只是想擁有好名聲，或別人的注意力和認同讚賞，到占有物質的財富或資源，結果都會引發一連串的嚴重問題。譬如，錢財被占有而不流通時，底層的人就賺不到錢，買不起房子，也不敢生小孩了。如此一來，就會讓更多人想要把錢財據為己有，大家都想要爬上金字塔，把別人踩在腳底下也在所不惜。於是，很多人就全擠在不流動的地方開始推擠或廝殺，變成地獄。

金錢可以用來證明一個人的價值，代表他有工作，也有收入可以買東西。金錢愈流動，才能刺激經濟活動；金錢流經之處，便可養活許多人。然而，如果人人都善盡職責，願意為別人付出，那也可以不需要以金錢為媒介。易言之，若彼此有誠信，就不需要金錢這種媒介了。愈沒有愛的文明或國家，就愈需要繁文縟節來規範，或愈多證件去證明什麼。可是，幾個國家之間，一旦達成協議，其實也是可以省略某些程序的。

在神佛的世界裡，「愛」完全自由流動，所以，一切都是共享、雙贏的，當然就不需要金錢。在那個非物質的世界裡，沒有假我、不需要「據為己有」即「不占有」，便省下了極大的能量。由此可知，「不占有」是因為一個人能夠回到「愛」，在通往「奉獻的五次元世界」時逐漸擁有的品質。

## ⊙ 沒有假我

每個人都有「假我」，若任由假我造作，便會一步步迷失「真我」。

電影《為愛朗讀》的漢娜不想坦承自己是文盲，死命維護她的「假我」或「自尊」。即使因涉嫌參與屠殺猶太人而被起訴了，但真相是她不識字，根本不可能寫出那份報告，她卻承認說是她寫的。為了維護「假我」，她寧可背負起不曾犯下的罪責，也不願揭露自己是文盲的事實。另一方面，多年前與漢娜不倫戀的麥可，雖未曾忘情於她，但他同樣也被「假我」綑綁。他的「假我」是要符合傳統倫理、社會階級。若他站出來為漢娜發聲，勢必得抖出兩人多年前的不倫戀，所以，他不敢挺身而出。甚至原本想去探監鼓勵漢娜說出真相，他最後也卻步了。漢娜最終被判終生監禁，他也愧疚一生。後來他為漢娜錄製朗讀書籍的錄音帶，她才在一音一字的對照當中識字。她終於能寫字後就寫信給他，可他一次也沒回。在她出獄之前，他到監獄探望並表示會安頓她，從她的肢體語言和表情可以看出她有多麼渴望一絲溫情，但他最後可說是拂袖而去的。許多影評都說麥可太冷漠，但那是因為他覺得漢娜依然故我，仍死守她的「假我城堡」，不願意走到陽光下坦承自己的不足。他們這段對話如下：

妳有想到過去嗎？

你是說我們在一起的事？

不是，不是指和我一起……

在審判前，我從沒想到過去，從不需要……

現在呢？妳現在感覺怎樣？
我的感覺並不重要，我的想法也不重要，人死不能復生。
我不確定妳學到了什麼？
我已經學到了閱讀……
（尷尬的沉默）
我下週來接妳好嗎？
聽起來是個不錯的計畫。

結果，在約定的那一天，漢娜自縊身亡。回到當初這段對話，可以看出漢娜期待的是朋友間的瞭解與讚賞，但麥可希望看到的是「她學會坦承」。然而，「走出假我城堡」並不是她想做的。麥可當然有自己的問題，累積的怯懦與愧疚也壓垮了他的人生，不但離了婚，親子關係也不好。多年後，他帶著早已疏離的女兒去漢娜墓前，終於說出埋藏在心底的真實感受，企圖得到一點救贖。

電影《色戒》中易先生也有他要維護的特務工作、立場、地位，一旦有失去這些的可能性，「假我」會陷入極大的恐懼。太害怕了，他必須緊閉雙眼叫人去斃了自己深愛的佳芝，而且絲毫不露出感情，好像只是拍拍袖口灰塵而已。他眼裡只有自己的假我，看不到佳芝對他情深意重。電影雖沒演出易先生的結局，但不難想見在虛幻的權勢過後，他該有多少悔恨遺憾！

人都有「假我」，為了維護「假我」，甚至會做出對自己不利的事情。那麼，「沒有假我」就好嗎？「沒有假我」其實不太可能，也不會太好。人活著都需要一個身分，一個基本認同，「我是一個出生在高雄的台灣人」之類的。基本的身心運作也需要「假我」的存在。瑜伽經典浩瀚，肯定有筆者未能觸及之處，但是，關於「沒有假我」的修練方法，如果是訴諸外力來「去除假我」，最終反而會生出更多更大的假我。

《奉獻》一書中說：「輪迴的根本就在於『自我』！為什麼會無止境地重複輪迴？首先，我們自己一定有一個不斷重複相同動作的東西，那東西是什麼？」

章成禪師說，那就是「自我一再重複的自我否定」。（註6.9）

不管你到手了什麼，滿足了什麼欲望，很快地，永遠都會覺得「不夠好」。所以，本書所謂的「假我」也正是這這種緊縮「自我」的意識狀態，一直讓我們不斷地否定當下。這個緊縮感的意思是：「我擔心……」。而「擔心」正是假我的本質。因為「擔心」這種「情緒」先來了，「智性」才去投射出應該擔心的理由，以及解除擔心的下一個標的，這也是智性被挾持的狀況。

只要「假我」出現了，這個人的思考方式就是二分法的。假我的想法簡單講就是：「這對我是有利？還是對我有害？」任何事情他都區分為互相對立的是非、好壞、善惡、敵友。而這種「二分法」的習慣，就讓我們回想起本書第一章所講的「恐懼」，以及因為強者的恐懼而要別人替他打仗的悲劇。處在「假我」這種習於否定當下、凡事二分法的人，即使得到滿足了，他還是會掉進憂慮裡，如此反覆，沒有終點。因此，「假我」不消融，輪迴就不會結束。

就算不考慮輪迴，這種「否定當下、凡事二分法」不正是幸福最大的阻礙嗎？當一個人看到美好的人事物時，若心中馬上升起「二分法」，就會開始「比較」，而自外於美好與幸福。若他自覺高別人一等則有優越感；若比別人遜色就羨慕、嫉妒、怨恨。不知不覺中讓自己人生愈走愈退步的，正是這類跟他人比較而產生的負面情緒。

章成禪師寫道：

> 「感謝」為什麼具有打破輪迴的力量？因為感謝之情始於對當下的肯定，恰好能擴展緊縮的意識，而讓「對當下的否定感」消失。也就是由衷的感謝之情升起的同時，自我也立刻消失了，完全不費吹灰之力，就彷彿陽光與雪人之間的關係。所以「輪迴」的起因——自我，就被「感謝」消融了。（註6.10）

為何以「消融」來形容？因為「自我」並不是一個具有實體的東西，需要去消滅它，它只是意識緊縮所形成的一種不永恆的現象。就像當有人捏著一個眼睛看月亮時，看到了天上月亮變成了兩個，這多出來的月亮幻影若比喻為「自我」，那麼要讓這個幻影消失，只需要放開捏著的手就行了。而說到底，當你放開捏著的手時，並不是真的有一個月亮消失了，只是你恢復了正確的視力——那兒本來就沒有第二個月亮。

這個比喻來自佛教《楞嚴經》，所以「消融自我」的另一個說法就是：恢復你正確的覺察力。（註6.11）

## ⊙涅槃

普瑞塔之子，這是梵之所在；安立於梵之境，則不再迷惑；臨命終時，仍安住於梵者得梵涅槃。（2.72）

「梵」即真實。學習「感謝」的智慧，可「消融假我」、擺脫妄想，把「失衡的心」平衡回來，回到真實。你能夠看盡這世上多少「感官對象」拋給你的誘惑鉤子，看出是自己的情緒、念頭在綑綁自己，能做到愈來愈細緻的「悲喜平衡」，並在這過程中走向你的至高目標。那麼，如此實際去打滾的人生最終會回到「無悲無喜」的原點，即為涅槃。

章成禪師舉例說：「涅槃在心境上是一種平靜，無悲也無喜，是完美的平衡。好像天空是一片藍天，放晴無雲。」本來很期盼的事情終於發生，例如終於榜上有名了，終於還我清白了，你反而會哭，喜極而泣。因為這一刻等了很久，終於等到了。過去有坎坷、有委屈、有種種的悲，而且你一直把「悲」的情緒往肚裡吞。現在得償所願而開心的同時，過去壓抑住的那些悲也會同時釋放出來。所以會一邊笑、一邊哭，但哭完後會回歸「平靜」。儘管你曾對自己不滿意，有很多的悲，覺得沒被愛。然而，進入涅槃時，你會感受到很大的愛，會領悟到狂喜或痛哭之後，愛還在啊！但已經不是悲或喜了，而是合一的平靜。

「智慧瑜伽」之路始於「靈性知識」、「善盡職責」，修練的心法「要永遠清楚，要留意你的自己」，那當中要有「覺」以約束感官、心念、假我，要有「覺」去「遠離感官對象」，練習悲喜平衡、平等心，然後，你將實際體會到無欲無念、不占有、沒有假我、平靜、幸福之真意，最後到達「真實」之所在，並得見真實之光。

## ⊙ 平等心

對任何事物的瞭解都有階段性。本書對「平等」一詞的解說，從「把悲喜成敗看成同一件事」，到「悲喜成敗是一件事情的不同階段」（本書第四章之「初論平等心」一節），到「無論哪一種成果，同樣都可從中學習智慧」（本書第五章之「平等心的次第」一節），以及本章的「行動的藝術」、「中庸之道」。在此，最終要介紹的則是從「空性」與從「再創造」來瞭解「平等心」。

曾有學生問章成禪師：「空性既然是表示一切事物都是中性的，那麼我們是不是對一切事物平等的對待？」

禪師回答：「瞭解它們的差別性才能夠真正的體認空性，瞭解差別性才會不用『同一個模子』去對待，這才是真正的平等。」（註6.12）

「瞭解差別性」即考慮不同的因緣條件，針對其中的差別去瞭解與調整而有不同做法。因此，「有教無類」不算是平等，必須搭配「因材施教」才能實踐「無條件的愛」。因此，要實踐「平等對待一切事物」，必須打開眼界去接受「個體差異」，這樣才能突破盲點，「如其所是」地對待這一切差異。當你有能力看到不同之處，並依照那個不同而有差別的對待，這才是「平等」。如果你看到個體差異了卻不去正視，那就不會有真正的平等，頂多做到表面平等或齊頭式平等。另一方面，若你遇到個體差異時，就產生對立的念頭與情緒，馬上覺得敵非我是，那你的心就會失衡。所以，要學習看出個體差異，也要依照你所瞭解到的差別相，去「覺」、去因應，這樣便能培養平等心。筆者每每在「大日講堂」中看見這樣的「平等心」展現，章成禪師在傳遞「偈語」與靈訊所含藏的要義時，自然透露出給予不同參與者的不同提點，至今仍令我心無比震撼。

章成禪師說：「當你一直在人生裡面『再創造』，你會在活著的時候就領略到『涅槃』（平等性）。」（註6.13）

之前說過「涅槃」是「無悲無喜」的原點；這裡則是用「再創造」的角度來瞭解「平等」。「再創造」為何能引你領略「平等性」？禪師舉例：「就像你有一根金手指（智慧），當你天天在把任何事物，例如保特瓶、塑膠袋、隨便一個杯子……變成黃金時，本來你還覺得黃金比較貴重、比較特別。可是久而久之，難道你不會有一天突然領悟到：其實『黃金』也是『假的』嗎？它一點也不特別了。」

前提是，你有在學習，智慧也一直在增長，也會具體化為你生活中實際的能力，你的身手會愈來愈不凡。因為你不斷累積成功經驗，真正持續在享受豐盛富貴，自然而然地你不會一看到黃金、暴利就想占有，看到豪宅奢宴就羨慕嫉妒，因為這些對你而言是垂手可得的。你真實地擁有把垃圾變黃金的能力，而且日日都在這樣創造時，垃圾和黃金是一樣的。所以，能夠「平等看待」垃圾與黃金是因為你很有能力，一直一直在「再創造」。

佛菩薩為什麼能夠創造無比美妙的富貴淨土，又可以內心清靜無染呢？那是因為祂們的開悟是從創造來的，所以才有能力為眾生的需要而創造，自己卻早就因為這個創造的圓熟，而看見一切平等（沒有任何特別）了。（註6.14）

大乘佛法的原意，就是在現實人生中去一點一滴獲證「空」的自由與創作力，完備「同時能夠利己與利他」的共贏智慧。所以真正修持大乘佛法的話，內在的證悟與外在的豐盛，本來就會是同一件事的兩面，並沒有任何互斥或衝突。……所以這個「平等」（涅槃寂靜），當然不是你所謂的「看破」，它恰恰存在於最極致的「心想事成」——即「萬德莊嚴」之中。（註6.15）

「大日講堂」上曾有同學說：「平等心很難修。可能我有潔癖，不會隨便和別人做朋友。像最近家裡重新裝修，我發覺自己有一種優越感，內心也常和別人比較。」

在此謹重點摘錄章成禪師的答覆。大意是，家裡要布置的東西，要找能提醒你人生已經擁有的福氣與美好。「是誰成全我的？」而不是想著要怎麼修平等心，只要有「由衷感謝」，就是平等心了。

禪師這番開示也解釋了為何「當代正法」是「感謝＋反省＝奉獻」。因為只要學習感謝，以往那些需要超高能力、超凡智慧才能企及的「境界」如平等心、涅槃，學生們也能藉「由衷感謝」這條道路走上去的。

（註6.1）章成、M．FAN著（2018），《心經》，商周出版，p33-39。

（註6.2）章成、M．FAN著（2016），《與佛對話》，商周出版，p65-67。

（註6.3）章成、M．FAN（2016），《都可以就是大覺醒》，商周出版，p195。

（註6.4）章成、M．FAN（2018），《心經》，商周出版，p40。

（註6.5）章成、M．FAN（2016），《都可以就是大覺醒》，商周出版，p200。

（註6.6）章成禪師網路文章：〈踩住情緒的煞車〉。

（註6.7）章成禪師網路文章：〈如何不被別人的情緒牽動？——培養你「心電感應」的能力〉。

（註6.8）章成禪師網路文章：〈投票，就是你對社會的「時時勤拂拭」〉。

（註6.9）章成、M．FAN合著（2017），《奉獻》，商周出版，p21-23。

（註6.10）章成、M．FAN合著（2020），《奉獻》，商周出版，p25。

（註6.11）章成、M．FAN合著（2020），《奉獻》，商周出版，p77-78。

（註6.12）請搜尋「章成的好世界」部落格《與佛對話》【問答集】——〈凡事站在「原點」思考，才是佛陀教育的本意〉。

（註6.13）章成禪師網路文章：〈年輕人！現在正是賺錢的好年代〉。

（註6.14）章成禪師網路文章：〈年輕人！現在正是賺錢的好年代〉。

（註6.15）章成禪師網路文章：〈年輕人！現在正是賺錢的好年代〉。

# 結語——智慧蓮花

《智慧瑜伽》的每一章均始於梵文原典，而終於章成禪師所傳遞的大日如來靈訊。從恐懼的獨裁者走向極致雙贏的菩薩，從無力感走向內心出家，從憐憫之情走向靈性知識，從「善盡職責的正法」走向「奉獻的正法」，從假我走向真我，從假象走向真實。而這條始於「覺」的道路，能回復真我，最終綻放通靈智慧（prajnana）的蓮花。

若你已按本書介紹，依次瞭解了「約束、平衡、平等」，此刻請回頭想想「阿周那的憐憫」，是否就有力量約束自己，不因憐憫就去做什麼，或不做什麼？人我之間需要講求平衡、平等，否則儘管你一心求和，結局仍是雙輸；另一方面，在助人時是否也就不會太助長自己的優越感，真正做到互助？

智慧不是抽象高深的形容堆砌。筆者相信讀到這裡的你，對於「出自汙泥卻卓然玉立、輕吐芬芳」的智者一定已經有了更為具體的瞭解。他盈盈含笑，願意等待；他言行輕緩、任事清明。他很可能一開始也像阿周那一樣，深陷於家庭、工作等困境，處在要選擇「恐懼防衛、自我獨裁」，或是選擇「學習共存、瞭解雙贏」？他脫離了困境後，仍持續學習「心的智慧」。原因是，唯有持續提升自己的眼界、能力、品質、意識，方能不再墜落，並真正開啟生活裡許許多多的正向循環，進而一步一步穿越感官、心念、假我的短暫假象，證得智慧、平靜、幸福、真實、永恆。

章成禪師寫道：「你只是在這種生活裡面享受著、你只是一直在這種生活裡面『看著』——有意識地看著你這樣的生活是如何地逢凶化吉，如何地跟一般人的思維不同，而能夠將絆腳石變成墊腳石；看著你自己是怎樣覺察到各種浪頭，而能夠踏上去駕馭……這一切只是你的人生活出了一種氣質、一種芬芳，然後你就體驗到佛陀所說的『步步蓮花』了。」（註7.1）

雖然印度聖雄甘地曾說《薄伽梵歌》與佛教雖用了不同的名詞，但所講的最高境界是一樣的。但是，其中仍有一個根本差異——印度哲學認為有「靈性」的存在，而且在「梵涅槃」時，「靈性」會與「梵」合一，但佛教講「空」。其實，至高的終點在哪裡？是怎樣的風景？為何總有不同教派宣稱「梵涅槃」也沒什麼，因為他們還有更高階的解脫?!事實上，這些境界並非世間凡人所能臆測、斷言，畢竟說這種話的人多半都還沒到達涅槃。相反地，真正到達特定境界的人，反而不會用言語文字去凸顯自己有多高深，而別人有多低階。可以肯定的是，我們應該回歸自身與現實生活，本書已指出那些確實可修練之處。人生路上且走且練且享受，其中自有「意會」與小開悟。若過早地就相中一個「聽人家說」而來的目標，還認定了非這目標不可，相較之下，「當下做當下的事」不是更為確實？否則，去想像一個過於高遠的目標反而是打造出一個框框，限制自己只能活在這個框框裡面了。

「智慧瑜伽」的最終境界是「靈性」穿越身、心虛幻假象，回到「梵」這個原點，亦即「真實的自己」與「真實」合一後所臻達的永恆平靜。

章成禪師在《地藏經》〈接引靈魂的那道光〉中寫道：

真正的究竟就是傳說中，死後會看到的「那道光」，當一人已經圓滿了地球功課，他才能與那道光合一。「那道光」，即是「都可以，就是大覺醒」。當一個人在活著的時候，已經開始散發出「那道光」，他就準備好，接近最後的一世。而生前散發出的「那道光」，就是指你的「智慧」，指你所得到的「瞭解」。有關於這一生所經歷的事，你都已經清楚了，你完全懂了所謂的黑與白，心裡只剩下慈。而黑與白在你的瞭解中，已經可以自由自在地轉動著，那麼這流動中的黑與白，就是那道智慧之光。這道光將會散發著你的平安與自在……（註7.2）

是的，是章成禪師所傳遞的靈訊解鎖了深藏於梵語中的「智慧瑜伽」，並早已做了最佳結語。

＊＊＊

每次課前的「大日冥想」過後，章成禪師會傳遞「如來偈語」。雖然那是針對當下的同學們給予的，也有其時效性，不是可以定於一義的；但我在校閱本書過程中，偶然發現其中一則可供讀者用心意會：

觀棋不語真君子
氣定神閒步步推
蓮花處處由心開
忽聞樂自天上來（註7.3）

（註7.1）章成禪師網路文章：〈人生瓶頸怎突破？放下自我，去欣賞！〉
（註7.2）章成、M．FAN合著（2018），《地藏經》，商周出版，p110-112。
（註7.3）出自2020.06.02「大日講堂」高雄班「樸素禪修」課程。

# 智慧瑜伽：《薄伽梵歌》首二章的身心靈祕密


作者　江信慧
責任編輯　張沛然

版權　吳亭儀、江欣瑜
行銷業務　周佑潔、華華、賴正祐、郭盈均
總編輯　徐藍萍
總經理　彭之琬
事業群總經理　黃淑貞
發行人　何飛鵬
法律顧問　元禾法律事務所王子文律師
出版　商周出版　台北市 104 民生東路二段 141 號 9 樓
電話：(02) 25007008　傳真：(02)25007759
E-mail：ct-bwp@cite.com.tw　Blog：http://bwp25007008.pixnet.net/blog
發行　英屬蓋曼群島商家庭傳媒股份有限公司城邦分公司
台北市中山區民生東路二段 141 號 2 樓
書虫客服服務專線：02-25007718　02-25007719
24 小時傳真服務：02-25001990　02-25001991
服務時間：週一至週五 9:30-12:00　13:30-17:00
劃撥帳號：19863813　戶名：書虫股份有限公司
讀者服務信箱 E-mail：service@readingclub.com.tw
香港發行所　城邦（香港）出版集團有限公司　香港灣仔駱克道 193 號東超商業中心 1 樓
E-mail: hkcite@biznetvigator.com　電話：(852)25086231　傳真：(852)25789337
馬新發行所　城邦（馬新）出版集團 Cite (M) Sdn Bhd
41, Jalan Radin Anum, Bandar Baru Sri Petaling, 57000 Kuala Lumpur, Malaysia.
Tel：(603)90563833　Fax：(603)90576622　Email：services@cite.my

封面設計　李東記
印刷　卡樂彩色製版印刷有限公司
總經銷　聯合發行股份有限公司　新北市 231 新店區寶橋路 235 巷 6 弄 6 號 2 樓
電話：(02) 2917-8022　傳真：(02) 2911-0053

■2023年5月30日初版　　Printed in Taiwan

定價380元


城邦讀書花園
www.cite.com.tw

線上版回函卡




ISBN 978-626-318-712-2

國家圖書館出版品預行編目(CIP)資料

智慧瑜伽：<< 薄伽梵歌 >> 首二章裡的身心靈祕密 / 江信慧著. -- 初版. -- 臺北市：商周出版：英屬蓋曼群島商家庭傳媒股份有限公司城邦分公司發行，2023.06
面；　公分
ISBN 978-626-318-712-2( 平裝 )

1.CST: 印度哲學 2.CST: 瑜伽

137.84　　112007537